Taşı delen suy
gücü değil, damlaların
sürekliliğidir.

Türk Atasözü

돌을 뚫는 것은 물의 힘이 아닌,
물방울들의 연속성이다.

터키 속담

단단한 언어 성장의 힘, 언어평등 튀르키예어 초중급

이 책은 튀르키예어 기초를 공부한 학습자를 위한 책입니다. 처음 시작하는 언어 공부의 마음가짐에 있어 시작은 반이나 되지만, 언어 실력은 단지 시작에 불과합니다. 고작 새로운 세계의 문을 열고 한 걸음 정도 들어간 셈입니다. 거기서 멈추지 말고 변화된 당신의 삶을 위해 계속 나아가세요.
부디 이 책을 끝까지 읽고, 쓰고, 듣고, 말하고 따라하고 연습하고 또다시 그 일을 반복하세요.
처음 그 마음가짐으로 결코 포기하지 마세요.
단언컨대, 하나의 언어를 나의 언어로 만드는 과정은 쉽지 않습니다.
그러나 당신이 진정으로 계속 나아간다면, '단단히 쌓인 언어성장'의 여정 끝 즈음 온전한 언어의 삶 속에서 살아가고 있을 겁니다.

모든 언어는 평등하다

지구상의 모든 언어는
인류 공동체 문명 발전의 발자취입니다.
힘이 센 나라의 언어라 해서 더 좋거나 더 중요한 언어가 아닌 것처럼,
많은 사람들이 쓰지 않는 언어라 해서 덜 좋거나 덜 중요한 언어는 아닙니다.

문화 다양성에 따른 언어 다양성은 인류가 서로 견제하고
긍정적인 자극을 주고받으며 소통, 발전할 수 있는 계기가 됩니다.
그러나 안타깝게도 현재 일부 언어가 '국제어'라는 이름 아래
전 세계 사람들에게 강요되고 있습니다.

언어평등의 꿈은 전 세계 모든 언어를 학습할 수 있는 어학 콘텐츠를
개발하는 것입니다. 어떠한 언어에도 우위를 주지 않고, 다양한 언어의 고유
가치를 지켜나가겠습니다. 누구나 배우고 싶은 언어를 자유롭게 선택해서
배울 수 있도록 더욱 정진하겠습니다.

언어평등은 문예림의 아날로그와 디지털을 아우르는
어학 콘텐츠 브랜드입니다.
61년째 언어 생각뿐.

언어평등이 만드는 책

편집, 디자인 원칙

분명하고 명확하게 잘 정리된 구성과 적정한 수준, 내용의 정확성을 최우선으로 공부 흐름에 맞도록 편집하며, 최적의 언어 공부를 위하여 판독성과 가독성이 좋은 타이포그라피, 단순함과 절제가 최고의 디자인이며, 불필요한 삽화와 사진, 의미 없는 컬러 사용, 이유 없는 배치 등을 하지 않는다.

제작 원칙

종이는 뒷비침이 없어 문자를 읽고 쓰기 좋으며, 코팅을 하지 않아 눈부심이 없어 보기 편하도록 한다. 또한, 따뜻한 느낌이 있어 손으로 짚기 좋고, 어디서든 볼 수 있도록 최대한 가벼운 책, 더 나은 대안으로 재생종이를 사용한다.

우리는 인간의 언어 공부를 위한 지식을 편집하고 배포하는 책의 본질에 집중한다. 책을 통해 누구나 자유롭게 언어를 선택하고 서로 소통하는 데 우리의 결과물이 널리 사용되도록 노력하며, 외관상 으리으리하고 화려한 책이 아니라 정말 잘 만든 평범한 책이 우리가 만드는 책이다.

동영상 강의
시청하기

언어평등(www.EQlangs.com)에서 구매하면
해당 도서의 강의를 보실 수 있습니다.
저자가 알려주는 언어 이야기도 보실 수 있습니다.

MP3 다운로드 방법

1단계
언어평등(www.EQlangs.com) 사이트
고객센터 - 자료실 - MP3 들어오기

2단계
제목_______________에 찾고자 하는
도서명을 입력 후 검색하세요.

www.EQlangs.com

단단한 언어 성장

튀르키예어 초중급

단단한 언어 성장 튀르키예어 초중급

Sağlam Dil Gelişimi
Temel ve Orta Seviye Türkçe(A2, B1)
터키어

장주영
지음

언어평등

단단한 언어 성장 튀르키예어 초중급

초판 1쇄 인쇄 2023년 8월 15일
초판 1쇄 발행 2023년 8월 25일

지은이 장주영
펴낸이 서덕일
펴낸곳 언어평등

기획 서민우 **편집진행 및 교정** 조소영 **본문 디자인** 문인주
표지 및 부속 디자인 박정호 **오디오 녹음** 이니스닷컴 **동영상 촬영** 이큐스튜디오
출력 및 인쇄 천일문화사 **제본** 대흥제책

출판등록 2018.6.5 (제2018-63호)
주소 경기도 파주시 회동길 366 3층 (10881)
전화 (02) 499-1281~2 **팩스** (02) 499-1283
전자우편 eqlangs@moonyelim.com
홈페이지 www.EQlangs.com

ISBN 979-11-92673-03-5 (13730)
값 17,000원

머리말

단단한 언어 성장 튀르키예어 초중급은 한국어가 모국어인 튀르키예어 학습자를 위해 만든 교재입니다.

이 교재는 튀르키예어에 대한 기초 지식이 있어 보다 체계적으로 튀르키예어를 학습하고 싶어하는 독자를 대상으로 합니다.

총 14과로 이루어져 있으며, 일상생활 속 주제별 대화문 그리고 그에 관련된 문법, 어휘, 읽기, 듣기, 쓰기, 말하기, 연습문제를 담고 있습니다. 예문에 사용된 표현들은 튀르키예 현지에서 자주 사용하는 문장들로 구성되어 있다는 특징을 가집니다.

우리는 언어를 통해 새로운 문화를 학습할 수 있으며 나와 다른 문화권의 사람과 소통하고 깊은 관계를 유지할 수 있습니다. 이 교재가 여러분들의 튀르키예어 학습에 조금이나마 힘을 보태 주어 유창한 튀르키예어를 구사하는 데 도움이 되었으면 좋겠습니다.

마지막으로, 집필 중 많은 도움을 주신 가장 소중한 벗이자 학문 동지인 카파도키아 대학교 Nükhet Okutan Davletov 선생님, 언제나 큰 지지와 정성 어린 편집을 담당해 주시는 언어평등 출판사 관계자분들께 깊은 감사를 드립니다.

저자 **장주영**

목차

İçindekiler

이 책의 구성표

과	문법	읽기
01	**-mAktA**: (주로 공식문서에 사용되는) 현재시제(진행상) **-yordu**: 진행상의 과거시제 **-(y)AcAktı**: 예정상의 과거시제 **-ArdI**: 반복상의 과거시제 **-mIştI**: 간접 경험 완료상의 과거시제	기생충 – 오스카 역사상 최초: 최우수 영화상은 한국 작품에게 돌아갔다. **Parazit - Oscar tarihinde bir ilk:** **En İyi Film Ödülü Güney Kore yapımının oldu**
02	**-yormuş**: 진행상의 전언법 **-(y)AcAkmIş**: 예정상의 전언법 **-ArmIş**: 반복상의 전언법 **ki**: 접사	튀르키예의 교육 제도 **Türkiye Eğitim Sistemi**
03	**±DIr**: 어말어미 **-mAlIydI**: 필수조건의 과거 **-mAlIymIş**: 필수조건의 전언	K-POP이란? **K-pop nedir?**
04	**-mAk,-mA gerek/lazım**: 필요조건 **-mAk zorunda/mecburiyetinde/** **-mAyA mecbur**: 의무표현 **zorunda kal-**: 의무표현	비만 **Şişmanlık (Obezite)**
05	**birbiri**: 상호대명사 **kendi**: 재귀대명사	낙타와 관련된 신기한 정보들 **Deve hakkında ilginç bilgiler**
06	**-(I)n-**, **-(I)l-**, **-(I)ş-**, **+lAn-**, **+lAş-**: 재귀태 **-(I)ş-**, **+lAş-**: 상호태	네브루즈 **Nevruz**
07	**+DAn beri/+DIr**: 시간부사 **-DIk** + 인칭어미 + **(n)dAn beri**: 동부사 **-DI -AlI**: 동부사 **-AlI**: 동부사	코로나바이러스 **Koronavirüs (Covid 19)**
08	**-sAydI**: 가정법의 과거 **-sAymIş**: 가정법의 완료 **-sA**: 조건법	돌무쉬(미니버스) **Dolmuş(Minibüs)**
09	**-(I)t-/-DIr-/-Ar-/-Ir-**: 사역태	2002년 FIFA 월드컵 **2002 FIFA Dünya Kupası**
10	**-Il-**, **-(I)n-**: 수동태	지진과 동물들 **Depremler ve Hayvanlar**
11	**-(y)An**, **-DIk** 동형용사	미래의 직업들에는 무엇들이 생겨날까요? **Geleceğin meslek neler olacak**?
12	**-(y)AcAk**, **-mIş**, **-Ar/-mAz**: 동형용사	헤이즐넛 **Fındık**
13	**-DIğI zaman/-DIğIndA**, **-(y)AcAğI zaman**, **-DIğI/-(y)AcAğı sırada**, **-Ar -mAz**, **-AnA kadar/dek**: 동부사	양자리는 황도 12별자리의 첫 번째 별자리이다. **Koç burçlar kuşağının ilk burcudur.**
14	**-DIğI/-(y)AcAk halde**, **-mA** + 인칭어미 + **(n)A ragmen**: 동부사, **bile**: 후치사	거짓말 **Yalan**

	어휘	연습문제	듣기	말하기	쓰기
	영화	복합 시제 표현	복합 시제 표현	복합 시제의 긍정/부정 형태	복합 시제 표현
	교육	복합 시제 표현	복합 시제 표현	복합 시제 표현	복합 시제 표현
	음악	필수조건의 과거와 전언	필수조건의 과거와 전언	필수조건의 과거와 전언	필수조건의 과거와 전언
	병원	필요조건 의무표현	필요조건 의무표현	필요조건 의무표현	필요조건 의무표현
	동물	상호대명사 재귀대명사	상호대명사 재귀대명사	재귀대명사	재귀대명사 관용표현
	기념일	재귀태 상호태	축제 관련 표현	축제 관련 표현	축제 관련 표현
	기술	시간부사 동부사	기술 관련 표현	기술 관련 표현	동부사
	예약	가정법의 과거 가정법의 완료	가정법의 과거 가정법의 완료	교통수단 관련 표현	관용어
	스포츠	사역태	관용어	스포츠 관련 표현	스포츠 관련 표현
	자연재해	수동태	자연재해 관련 표현	수동태	관용어
	직업	동형용사	직업 관련 표현	직업 관련 표현	동형용사
	음식	동형용사	동형용사	동형용사	관용어
	별자리	동부사	별자리 관련 표현	별자리 관련 표현	동부사
	습관	동부사	습관 관련 표현	습관 관련 표현	습관 관련 표현

언어를 배운다는 것은 또 다른 세계의 문을 여는 것이다.

Diyalog

대화 인류는 소통하였기에 생존하였다.

각 강의 주제에 맞는 표현을 제시하고 학습자가 반드시 알아야 할 표현을 소개합니다.
우선 원어민 발음으로 들어 보세요!

Sözcük

어휘 대화는 결국 어휘력 싸움이다.

기본 대화에서 나오는 어휘를 설명합니다. 어휘의 정확한 뜻을 알아봅니다.

Dil Bilgisi

문법 언어는 본능이 아니다.

해당 강의에서 중심이 되는 문법을 체계적으로 정리하였습니다.
문법의 치밀함 없이 언어 실력의 향상은 없습니다.

Okuma & Anlama

읽기 언어는 질서 속에 짜여진 무늬이다.

주제에 맞는 다양한 정보를 읽고 내용을 파악하여 문장 구성, 독해, 글의 흐름을 공부합니다.

Alıştırmalar

연습 반복이 언어 성장의 힘이다.

튀르키예어 문장 구성과 문법을 확인하고 전체 문장을 반복적으로 말하는 훈련을 합니다.

Dinleme

듣기 경청은 지혜의 특권이다.

말하기보다 듣기가 먼저입니다.
문장을 듣고 중요 어휘와 어구를 바로 쓰는 연습을 하며 전체 문장을 반복하여 말합니다.

Konuşma

말하기 말할 권리는 절대 옹호한다.

여섯 파트에서 연습했던 표현들을 파악하고, 알맞은 대답을 할 수 있는지 확인합니다.

Yazma

쓰기 쓰기는 의식을 재구조화한다.

우리말로 제시된 문장을 튀르키예어로 쓰고 말하는 연습을 합니다.
쓰는 훈련을 통해 튀르키예어에 맞는 언어 인식에 익숙해지도록 연습하는 것입니다.

결국 우리의 최종적인 목표는 자신의 삶 속에 튀르키예어가 스며들고 체득되어 나의 언어로 말하고 듣는 것입니다. 새로운 책을 늘려가는 것보다 하나의 책을 완전히 반복해서 말하고 듣고 연습하는 것이 훨씬 효과적인 언어 학습법이라는 것을 잊지 마세요!

단단한
언어 성장

튀르키예어
초중급

Konu

01

Film (영화)

Sık sık arkadaşlarla tiyatroya gidiyorduk.

우리는 친구들과 함께 자주 극장에 가곤 했어.

핵심 문법 표현

1 Bu olay gizemlerle örülü bir hikayenin başlaması anlamına gelmektedir.
이 사건은 수수께끼로 얽힌 이야기의 시작을 의미한다.

2 Sık sık arkadaşlarla tiyatroya gidiyorduk.
우리는 친구들과 함께 자주 극장에 가곤 했어.

3 Aslında Türk filmi izleyecektik.
사실, 우리는 튀르키예 영화를 볼 거였어.

4 Bu türde filmleri hiç denememiştik.
이 영화 장르들을 한번도 시도해본 적이 없었어.

5 Eskiden komedi türünde filmleri severdim.
예전에는 코미디 영화들을 좋아했었어.

Diyalog

인류는 소통하였기에 생존하였다.

1-1

Seokjin	Hafta sonu ne yaptın?
Nurcan	Cuma günkü sınav için ders çalışıyordum. Akşam da Sinan ile sinemaya gittik.
Seokjin	Hangi filmi izlediniz? Parazit'i mi?
Nurcan	Aslında Türk filmi izleyecektik. Ama Parazit daha ilginç gözüktü. Yeni bir tür deneyelim dedik.
Seokjin	Oyuncular da çok başarılı.
Nurcan	Bu türde filmleri hiç denememiştik. Ama çok hoşuma gitti.
Seokjin	Genelde ne tür filmlerden hoşlanırsın?
Nurcan	Komedi türünde filmlerden hoşlanırım. Ama eskiden macera filmleri severdim.

SÖZCÜK

ilginç
형 관심거리의, 흥미 있는

gözükmek
동 ~(으)로 보이다

tür 명 장르, 종류

denemek
동 시도하다, 도전하다

oyuncu 명 배우

başarılı 형 성공적인

hoşuna gitmek
동 호감을 갖다, 마음에 들다

+ DAn hoşlanmak
동 ~을 좋아하다, ~(으)로부터 좋아하는 마음을 갖다

macera 명 모험, 사건

석진	이번 주말에 뭐 했니?
누르잔	금요일 시험을 위해 공부하고 있었어. 저녁에는 시난과 함께 영화를 보러 갔어.
석진	어떤 영화를 봤니? 기생충?
누르잔	사실, 우리는 튀르키예 영화를 볼 거였어. 그런데 기생충이 더 흥미로워 보였어. 새로운 장르를 도전해보자고 했지.
석진	배우들 역시 매우 훌륭해.
누르잔	이 영화 장르들을 한번도 시도해본 적이 없었어. 그런데 매우 마음에 들었어.
석진	너는 어떤 영화 장르들을 좋아하는데?
누르잔	코미디 영화들을 좋아해. 그런데 예전에는 모험 영화들을 좋아했었어.

1 -mAktA: (주로 공식문서에 사용되는) 현재시제(진행상)

- 논설문, 기사, 청원서, 법률 문서, 발표문 등 공식적인 문서에 주로 사용하는 현재시제이다.

주어	동사	부정사	현재시제/진행상	의문사	인칭어미
ben	git- oku- gel- oyna- dinlen- katıl-	-ma -me	-makta -mekte	mı mi	+yım/+yim
sen					+sın/+sin
o					-
biz					+yız/+yiz
siz					+sınız/+siniz
onlar					(+lar/+ler)

Şu an bu adreste oturmamaktayım.
저는 현재 이 주소지에 거주하고 있지 않습니다.

Nüfus büyüklüğüne göre eğitim seviyesi en yüksek olan ülkelerin başında gelmekteyiz.
우리는 인구 규모 측면에서 교육 수준이 가장 높은 국가 중 하나이다.

adres 명 주소
oturmak 동 앉다, 거주하다
nüfus büyüklüğü 명 인구 규모
eğitim seviyesi 명 교육 수준
yüksek 형 높은

- -mAktA의 주체가 3인칭(단수: O, 복수: Onlar)이며 ±DIr와 함께 사용하는 경우 확실성의 뜻을 나타낸다.

Güney Kore'de nüfus her yıl azalmaktadır.
대한민국의 인구는 매년 감소하고 있다.

Her yıl Türkiye'ye farklı ülkelerden milyonlarca turist gelmektedir.
매년 튀르키예에 다양한 국가들에서 수백만 명의 관광객들이 방문한다.

Aradan 5 yıl geçti, savaş hala devam etmektedir.
그 사이 5년이 지났지만 전쟁은 여전히 진행 중이다.

Firmamız K-2021 fuarına katılacaktır.
우리 회사는 K-2021 박람회에 참가하고 있다.

TIP ±DIr는 시제 및 서법 어미와 함께 사용되어, 문장의 종결을 알리는 문장 부호 역할을 한다. 법률, 규정 등의 공문서와 교과서, 백과사전 등 정보 제공을 목적으로 하는 텍스트에서 최종 판단, 불변의 진리, 확실성 등의 의미를 나타낸다. 이외에도 추측, 기대 등을 표현한다.

Güney Kore 명 대한민국, 남한
nüfus 명 인구
azalmak 동 줄어들다, 감소하다
farklı 형 다양한, 다른
savaş 명 전쟁
devam etmek 동 진행되다, 계속되다
firma 명 회사
fuar 명 박람회
+ A katılmak 동 참가하다

2 -yordu: 진행상의 과거시제 (Şimdiki Zamanın Hikâye Kipi)

- -yordu는 어떠한 행동이 과거 어느 시점부터 현재까지 계속 지속되었음을 설명한다. -yor와 -DI를 함께 사용하며, '~어/고(는) 했었다'로 해석한다.

주어	동사	부정사	진행상 어미	인칭어미	의문사	과거시제 어미	인칭어미
ben	al- bil- kalk- konuş- otur- uyu-	-mı -mi -mu -mü	-yor -ıyor -iyor -uyor -üyor		mu	-(y)du	+m
sen							+n
o							-
biz							+k
siz							+nuz
onlar				(+lar)	mı	-(y)dı	-

Eve geç döndüm. Evdeki herkes uyuyordu.
나는 집에 늦게 돌아왔다. 집에 있는 사람들은 모두 잠들어 있었다.

Üniversitedeyken sık sık kütüphaneye gidiyordum.
나는 대학 시절에 자주 도서관에 가곤 했다.

- 3인칭 복수(onlar)가 주어로 사용되는 경우, 서술어에 인칭어미 +lAr를 중복하여 사용하지 않는다. 다만 +lAr를 사용하는 경우, +lAr는 -yor와 -DI 사이에 위치한다.

Kızlarım küçükken her şeylerini bana anlatıyordu.
내 딸들은 어렸을 때 모든 것들을 나에게 설명하곤 했다.

Küçükken her şeylerini bana anlatıyorlardı.
(그들은) 어렸을 때 모든 것들을 나에게 설명하곤 했다.

- 부정문의 경우, 부정사 mI를 사용하며, -yordu 앞에 위치한다.

O çocukken beni hiç dinlemiyordu.
그는 어렸을 때 내 말을 듣지 않았다.

Sen satranç oynamayı hiç sevmiyordun.
너는 체스를 하는 것을 결코 좋아하지 않았다.

TIP

여기서 과거란 시간적으로 오래전에 지나간 때와 함께 현재보다 앞선 분, 초 단위의 짧은 시간 속의 사건 역시 나타낼 수 있다.

satranç 명 체스

- 의문문의 경우, 의문사 mu는 -yor와 -DI 사이에 위치한다.

Sen orada üşüyor muydun?
너는 그곳에서 춥지 않았었니?

Onlar ders çalışıyor muydu?
그들은 공부하고 있었니?

- 한 문장이 두 개 이상의 사건을 설명하는 경우, -DI는 마지막에 단 한 번만 사용한다.

Dedem sabahları beni okula bırakıyor, ders bittikten sonra alıyordu.
할아버지는 매일 아침에 나를 학교에 데려다주셨고, 방과 후에는 데리러 오시곤 했다.

Annem yurt dışındayken haftada iki kez bana telefon ediyor, benimle konuşuyordu.
어머니는 외국에 계실 때 일주일에 두 번 나에게 전화하셨고, 나와 이야기하시곤 했다.

- -DI는 과거의 한 시점에 한정된 행위 혹은 동작이지만, -yordu의 경우 특정 과거의 한 시점에서부터 지속되어온 행동 혹은 동작을 강조한다.

Burayı görmek istediler.
그들은 이곳을 보고 싶어 했다. (과거의 어떤 순간에 한정)

Hep buraları görmek istiyorlardı.
그들은 항상 이곳을 보고 싶어 했었다. (일정 시간 동안 지속)

- 기억하지 못하는 과거 혹은 이전에는 알고 있었던 사실이지만 어떠한 이유로 잊어버린 경우 재차 질문을 하기 위해 의문문 형식으로 사용한다.

Çocukluğumda yemek yerken seni çok kızdırıyor muydum?
어릴 적 음식을 먹을 때 내가 당신을 많이 화나게 하곤 했나요?

Bebekken ben de kardeşim kadar çok ağlıyor muydum?
어릴 적 나도 동생만큼 많이 울었나요?

Sen tansiyon ilacı kullanıyor muydun?
당신은 혈압약을 복용하고 있었나요?

Nükhet gençken saçlarını boyatıyor muydu?
뉘켓은 젊었을 적에 머리를 염색하곤 했나요?

üşümek 동 추위를 느끼다, 감기 들다

+ A telefon etmek 동 ~에게 전화하다, 전화를 걸다

+ I kızdırmak 동 ~를 화나게 하다

tansiyon 명 혈압

+ I boyatmak 동 염색하다, 색을 칠하게 하다

- 시간부사와 함께 사용하는 경우 과거에 지속적으로 반복되는 동작 또는 행위를 나타낸다.

Öğrenciyken her hafta sonu piknik yapıyorduk.
우리는 학생 때 주말마다 소풍을 가곤 했다.

Geceleri hiç erken uyumuyordum.
나는 밤에 절대 일찍 잠을 자지 않곤 했다.

3 -(y)AcAktı: 예정상의 과거시제 (Gelecek Zamanın Hikâye Kipi)

- -(y)AcAktı는 일반적으로 과거에 계획했던 일들을 설명한다. 이때 과거의 계획이 현재에 실현되었는지의 여부는 중요하지 않다. -(y)AcAk과 -DI를 함께 사용하며, '~할(계획) 이었다/~(려)고 했다'로 해석한다.

<table>
<tr><th>주어</th><th>동사</th><th>부정사</th><th>예정상 어미</th><th>인칭어미</th><th>의문사</th><th>과거시제</th><th>인칭어미</th></tr>
<tr><td>ben</td><td rowspan="6">al-
gel-
git-
oku-
otur-
yüz-</td><td rowspan="6">-ma
-me</td><td rowspan="6">-(y)acak
-(y)ecek</td><td rowspan="5"></td><td rowspan="5">mı
mi</td><td rowspan="5">-tı
-ti
-(y)dı
-(y)di</td><td>+m</td></tr>
<tr><td>sen</td><td>+n</td></tr>
<tr><td>o</td><td>-</td></tr>
<tr><td>biz</td><td>+k</td></tr>
<tr><td>siz</td><td>+nız/+niz</td></tr>
<tr><td>onlar</td><td>(+lar/+ler)</td><td></td><td></td><td>-</td></tr>
</table>

Ben üniversitedeyken okuldaki bir futbol takımına katılacaktım.
나는 대학에 다닐 때 학교 축구팀에 합류할 계획이었다.

+ A katılmak 동 합류하다, 참가하다, 참석하다

- 3인칭 복수(onlar)가 주어로 사용되는 경우, 서술어에 인칭어미 +lAr를 중복하여 사용하지 않는다. 하지만 +lAr를 사용하는 경우, 인칭어미 +lAr는 -(y)AcAk과 -DI 사이에 위치한다.

Onlar sabah erken kalkacaktı.
그들은 아침 일찍 일어나려고 했다.

Sabah erken kalkacaklardı.
그들은 아침 일찍 일어나려고 했다. (그들이 아침에 일찍 일어났는지 일어나지 않았는지는 알 수 없음)

- 부정문의 경우, 부정사 mA를 사용하는데, 이때 발음의 편리성을 위해 -(y)AcAk 앞에 반모음 y가 위치한다.

Polise gerçekleri anlatmayacaktım.
나는 경찰에게 진실들을 말하지 않으려고 했다.

Ben onu beğenmedim. Almayacaktım.
나는 그것이 마음에 들지 않았다. 사지 않으려고 했다.

- 의문문의 경우, 의문사 mI는 -(y)AcAk와 -DI 사이에 위치한다.

Sen akşam için yemek yapacak mıydın?
너는 저녁에 요리하려고 했니?

O Türkçe kursuna kayıt yaptıracak mıydı?
그는 튀르키예어 과정을 등록하려고 했나요?

kayıt yapmak
동 등록하다, 신청하다

- 문맥에 따라 의문사가 시제어미 앞에 위치할 수도 있는데, 이때는 문장을 강조함과 동시에 화자의 놀람 등을 표현한다.

Biz bugün buluşacak mıydık?
우리가 오늘 **만나려고 했었나?**

→ 위 문장은 '우리가 만난다는 사실'을 확인하는 내용으로, 여기서 시간적 의미인 '오늘'은 의미 없이, '우리가 만난다'라는 행위 자체가 강조된다.

Biz bugün mü buluşacaktık?
우리가 **오늘** 만나려고 했었나?

→ 반면에, 위 문장은 화자가 '우리가 만나기로 했다는 사실'은 알고 있지만, 그 약속 일자가 '오늘'이라는 것을 잊고 있던 상황으로, 시간부사인 '오늘'이 강조된다.

- 한 문장이 두 개 이상의 사건을 설명하는 경우, -DI는 마지막에 단 한 번만 사용한다.

Birlikte yurt dışına gidecek, orada yaşayacaktık.
우리는 함께 해외로 가서 그곳에서 살려고 했다.

Sabah ona gelecek, yardım edecektim.
나는 아침에 그에게 가서 그를 도우려 했다.

- 다양한 원인으로 인하여 기억하지 못하는 과거의 계획 혹은 특정 일정과 관련하여 (질문자가) 정보를 얻으려 할 때 의문문으로 사용 가능하다. 이 경우, 계획과 관련된 행동이 단지 과거에 한정되어 있을 수도 있고, 혹은 미래에 해당될 수도 있다.

Siz bu saatte hastanede olmayacak mıydınız?
너희들은 이 시간에 병원에 있는다고 하지 않았니?

Biz geçen hafta sonu birlikte ders çalışacak mıydık?
우리는 지난주에 함께 공부를 하기로 하지 않았니?

- -(y)AcAktı의 시간적 의미는 과거일 수도, 미래일 수도 있다.

Yarın İstanbul'a gidecektin.
너는 내일 이스탄불에 갈 계획이었지. (미래)

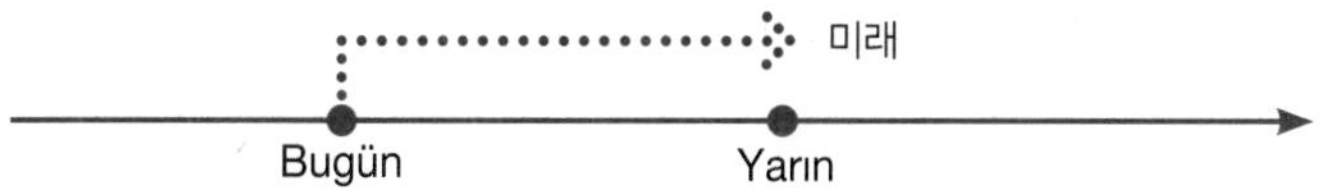

Dün hastanede ameliyat olacaktı. Şimdi nasıl?
그는 어제 병원에서 수술받을 예정이었지. 그는 지금 어때? (과거)

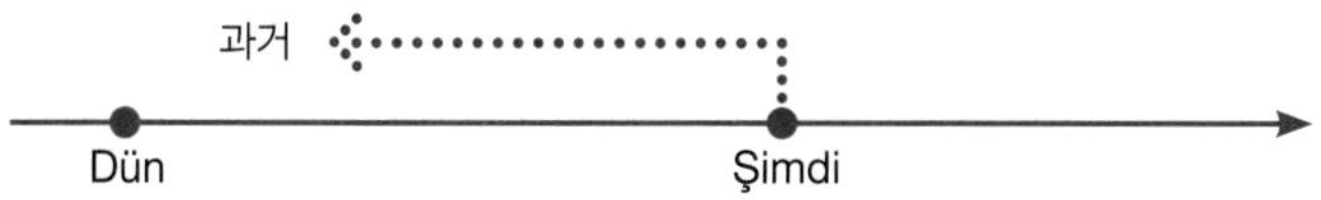

ameliyat olmak
동 수술받다

4 -ArdI: 반복상의 과거시제 (Geniş Zamanın Hikâye Kipi)

- -ArdI는 과거의 반복적인 동작 혹은 과거의 습관적인 행위를 나타낸다. -Ar과 -DI를 함께 사용하며, '~하곤 했다'로 해석한다.

<table>
<tr><th>주어</th><th>동사</th><th>진행상어미</th><th>인칭어미</th><th>의문사</th><th>과거시제어미</th><th>인칭어미</th></tr>
<tr><td>ben</td><td rowspan="6">ara-
bil-
gir-
giy-
kullan-
yüz-</td><td rowspan="3">-r/
-ır/-ir/
-ur/-ür/
-ar/-er</td><td rowspan="5"></td><td rowspan="6">mı
mi
mu
mü</td><td rowspan="6">-(y)dı
-(y)di
-(y)du
-(y)dü</td><td>+m</td></tr>
<tr><td>sen</td><td>+n</td></tr>
<tr><td>o</td><td>-</td></tr>
<tr><td>biz</td><td>부정</td><td>+k</td></tr>
<tr><td>siz</td><td rowspan="2">-maz
-mez</td><td>+nız/+niz/
+nuz/+nüz</td></tr>
<tr><td>onlar</td><td>(+lar/+ler)</td><td>-</td></tr>
</table>

Ali her akşam klasik müzik dinlerdi.
알리는 매일 저녁 클래식 음악을 듣곤 했다.

Her sene en az iki ülkeyi gezerdik.
우리는 매년 적어도 두 나라를 여행하곤 했다.

Meltem sabah erken saatlerde sahile gelirdi.
멜템은 아침 이른 시간에 해변에 오곤 했다.

- 인칭어미는 -DI 뒤에 위치한다. 3인칭 복수(onlar)가 주어로 사용되는 경우, 서술어에 인칭어미 +lAr를 중복하여 사용하지 않는다. 하지만 +lAr를 사용하는 경우, 인칭어미 +lAr는 -Ar와 -DI 사이에 위치한다.

Ben küçükken bu şarkıyı duyunca çok ağlardım.
나는 어릴 적 이 노래를 들으면 몹시 울곤 했다.

O eskiden çok hareketli müzik dinlerdi.
그는 예전에 매우 활기찬 음악을 듣곤 했다.

[3인칭]

Onlar yardım etmek için ellerinden geleni yapardı.
그들은 도움을 주기 위해 최선을 다하곤 했다.

Yardım etmek için ellerinden geleni yaparlardı.
(그들은) 도움을 주기 위해 최선을 다하곤 했다.

ellerinden geleni yapmak 동 최선을 다하다

- 부정사의 경우, 부정사 -mAz를 사용하며 -DI 앞에 놓인다.

Hiçbir zaman kimsenin fikrini sormazdı.
그는 항상 그 누구의 의견도 묻지 않곤 했다.

İstanbul otobüsü eskiden bu yoldan geçmezdi.
이스탄불 버스는 예전에 이 길로 지나가지 않았었다.

- 의문문의 경우, 의문사 mI는 -Ar와 -DI 사이에 위치한다.

Çok zeki bir adam. Küçükken de her şeyi bu kadar çabuk öğrenir miydi?
그는 매우 똑똑한 사람이다. 그는 어릴 적에도 모든 것을 이렇게 빨리 배우곤 했나요?

zeki 형 똑똑한

Eskiden balık tutar mıydınız?
너희들은 과거에도 낚시를 하곤 했니?

- 한 문장 내에 두 개 이상의 사건을 설명하는 경우, -DI는 마지막에 한 번만 사용한다.

Onunla gezer, onunla top oynar, bazen de onunla kavga ederdim.
나는 그와 함께 여행하고, 그와 공놀이를 하고, 때로는 그와 싸우곤 했다.

Her gün aynı saatte gelir, aynı bankta otururdu.
그는 매일 같은 시간에 와서, 같은 벤치에 앉곤 했다.

- 기억하지 못하는 과거 혹은 이전에는 알고 있었지만 여러 가지 이유로 잊어버린 경우 재차 질문을 하기 위해 의문문 형식으로 사용한다. 이때, -ArdI는 -yordu와 비슷한 의미를 가진다.

Ben küçükken de mantarlı yemeklerden hoşlanmaz mıydım?
나는 어렸을 때도 버섯이 들어있는 요리들을 좋아하지 않았나요?

mantar 명 버섯

Sen eskiden bu kadar çok içer miydin?
너는 예전에도 이렇게나 많이 (술을) 마셨니?

→ 화자는 상대방이 술을 많이 마시는 것을 기억하지 못하고 있고, 발화 당시 새롭게 인지하는 상황이기 때문에 사실 여부를 확인하기 위하여 질문하는 것으로 해석할 수 있다.

- 상대방이 무엇을 원하는지 묻기 위해 긍정의문문 혹은 부정의문문으로 질문할 수 있다.

Bir bardak çay daha alır mıydınız?
차 한잔 더 드시겠습니까?

Bir bardak çay daha almaz mıydınız?
차 한잔 더 드시지 않겠습니까?

Bu gece burada kalır mıydın?
오늘밤 여기서 묵을래?

Bu gece burada kalmaz mıydın?
오늘밤 여기서 묵지 않을래?

- 가정법의 과거형과 함께 사용하는 경우, 긍정문은 발생하지 않은 사건, 즉 부정적인 결과를, 부정문의 경우 발생한 사건, 반대의 사건 결과를 나타낸다. 의문문에서도 같은 의미로 사용한다. 이 경우, -ArdI는 반복되는 행위 혹은 습관을 나타내지 않고, 과거의 한 시점에 대한 사건을 언급한다.

Haberim olsaydı yardım etmek için elimden geleni yapardım.
내가 그 소식을 알았더라면 도움을 주기 위해 최선을 다했을 것이다.

Baharda biraz yağmur yağsaydı bu susuzluk yaşanmazdı.
봄에 비가 조금이라도 왔더라면 이 기근은 일어나지 않았을 것이다.

5 -mIştI: 간접 경험 완료상의 과거시제 (Belirsiz Geçmiş Zamanın Hikâye Kipi)

- -mIştI는 과거에 이미 완료된 행위를 나타낸다. -mIş과 -DI를 함께 사용하며, '~적이 있다/~(했)었었다'로 해석한다.

<table>
<tr><th>주어</th><th>동사</th><th>부정사</th><th>완료상 어미</th><th>인칭어미</th><th>의문사</th><th>과거시제</th><th>인칭어미</th></tr>
<tr><td>ben</td><td rowspan="6">anlat-
gir-
tut-
oyna-
dinle-
söyle-</td><td rowspan="6">-ma
-me</td><td rowspan="6">-mış
-miş
-muş
-müş</td><td rowspan="5"></td><td rowspan="6">mı
mi
mu
mü</td><td rowspan="6">-(y)tı
-(y)ti
-(y)tu
-(y)tü</td><td>+m</td></tr>
<tr><td>sen</td><td>+n</td></tr>
<tr><td>o</td><td>-</td></tr>
<tr><td>biz</td><td>+k</td></tr>
<tr><td>siz</td><td>+nız/+niz/
+nuz/+nüz</td></tr>
<tr><td>onlar</td><td>(+lar/+ler)</td><td>-</td></tr>
</table>

Ben bu filmi daha önce izlemiştim.
나는 이 영화를 예전에 본 적이 있다/봤었었다.

Biz geçen sene mezuniyet töreninde tanışmıştık.
우리는 작년 졸업식에서 만난 적이 있다/만났었다.

mezuniyet töreni 명 졸업식

- 인칭어미는 -DI 뒤에 수반되며, 예외적으로 3인칭 인칭어미 +lAr는 -mIş와 -DI 사이에 위치한다.

Ben daha önce seni uyarmıştım.
나는 이전에 너에게 경고를 했었었다.

Onu ilk kez babamın çiftliğinde görmüştük.
우리는 그를 처음으로 아버지의 농장에서 본 적이 있다.

uyarmak 동 경고하다
çiftlik 명 과수원

Onlar tatile gitmeden önce yeni araba almıştı.
그들은 휴가를 가기 전에 새 자동차를 샀었었다.

Tatile gitmeden önce yeni araba almışlardı.
(그들은) 휴가를 가기 전에 새 자동차를 샀었었다.

- 부정문의 경우, 부정사 mA를 사용하며 -mIş 앞에 위치한다.

Geçen yıl bir damla bile yağmur yağmamıştı.
작년에는 한 방울의 비도 내리지 않았었다.

Bugüne kadar bir tek sözümü bile dinlememiştin.
오늘날까지 너는 내가 한 단 한마디의 말도 듣지 않았었다.

- 의문문의 경우, 의문사 mI는 -mIş와 -DI 사이에 위치한다.

Daha önce yüzme öğrenmiş miydin?
너는 예전에 수영을 배운 적 있니?

Buraya gelene kadar böyle saçma bir iş görmüş müydün?
너는 이곳에 오기 전까지 이렇게 말도 안 되는 일을 본 적 있니?

- 기억하지 못하지만 과거에 이미 완료되고 종료된, 현재에는 어떠한 영향도 미치지 않는 행위에 대한 정보를 얻거나 해당 사실을 재차 확인하기 위하여 의문형을 사용하기도 한다.

Siz geçen yıl tatil yapmış mıydınız?
당신들은 작년에 휴가를 갔었었나요?
(당신들이 작년에 휴가를 갔는지에 대한 사실 확인을 위해 의문형 사용)

Ben dün sana kartımı vermiş miydim?
내가 어제 너에게 내 카드를 줬었었니?
(기억이 나지 않는 과거, 카드를 준 행위 자체는 과거에 완료된 행위)

- 일반적인 기대치와는 다른 결과가 나타났을 때, 부정의문문을 사용하여 놀람을 표시한다.

O daha dün öğleden sonra ameliyat olmamış mıydı? Burada ne yapıyor?
그는 어제 오후에 수술받지 않았었나요? 그는 여기서 무엇을 하고 있나요?

Sen geçen sene yıllık izin almamış mıydın?
너는 작년에 연차휴가를 내지 않았었니?
(예상치 못한 상황에 대한 화자의 놀람 표현)

- 과거의 어떤 행동에 대한 분노 혹은 경고 등을 다시 한번 상기시키기 위하여 부정의문문을 사용한다.

Yeter artık! Daha önce seni uyarmamış mıydım?
이 정도면 충분해! 내가 전에도 너에게 경고하지 않았었니?

Sana "bu konuda konuşmak istemiyorum," dememiş miydim?
내가 "너랑 이 주제에 대해 이야기하고 싶지 않아!"라고 말하지 않았었니?

damla 명 방울, 물방울

- 과거에 반복되던 행동들이지만, 그 일이 처음으로 시행되었을 때를 강조하기 위해 -mIştI를 사용한다.

Buraya on yaşındayken ailemle gelmiştim. O zamandan beri her sene buraya uğruyorum.
나는 이곳에 열 살 때 가족과 함께 왔었다. 그 이후로 나는 매년 이곳에 들른다.

- 과거에 실현 가능성이 있었지만, 실제로 실현되지 않던 일이 처음으로 실현된 경우 -mIştI의 과거형을 사용한다. 이 경우 '~(한) 적이 없(었)다'로 해석한다.

Hiçbir kadını bu kadar çok sevmemiştim.
나는 어떤 여자도 이만큼 사랑한 적이 없었다.

Bugüne kadar hiç dikkatimi çekmemişti.
오늘까지 전혀 내 관심을 끈 적이 없었다.

- 처음 겪어보는 특별한 사건들을 설명하기 위해 부정사를 사용하여, 부정문으로 나타낸다. 이때 특별한 사건이란 좋은 경험일 수도, 나쁜 경험일 수도 있다.

Daha önce bu kadar güzel bir gün geçirmemiştim.
나는 지금까지 이토록 좋은 날은 겪어본 적이 없다(이토록 아름다운 날은 없었다).

Şimdiye kadar bu kadar iğrenç bir yemek yememiştim.
나는 지금까지 이렇게 역겨운 음식은 먹어본 적이 없었다.

geçirmek 동 지내다, 시간을 보내다, 겪다

- 기억하지 못하는 과거 혹은 이전에는 알고 있었지만 여러 가지 이유로 잊어버린 경우 재차 질문을 하기 위해 의문문 형식으로 사용한다. 이때 -mIştI는 -yordu, -(y)AcAktı와 비슷한 의미로 사용될 수 있다.

Ben bu faturayı daha önce ödememiş miydim?
내가 이 청구서를 이전에 지불하지 않았었나?

Dün akşam o kadar çok içmiş miydik?
어제 저녁에 우리가 그 정도로 많이 마셨었나요?

fatura 명 청구서

ödemek 동 지불하다

1-2

Parazit - Oscar tarihinde bir ilk: En İyi Film Ödülü Güney Kore yapımının oldu

Akademi Ödülleri veya yaygın olarak bilinen adıyla Oscar Ödülleri, film endüstrisindeki sanatsal ve teknik başarılar için verilen ödüllerdir. Ödüller her yıl Kaliforniya merkezli Sinema Sanatları ve Bilimleri Akademisi tarafından verilmektedir. Akademi Ödülü'ne aday gösterilebilmesi için bir gösterimin en az 40 dakika, Los Angeles ili sınırındaki en az bir sinemada ücretli gösterim ve en az bir hafta gösterim süresi olması gerekir.

Bir keresinde Akademi Ödülleri uluslararası bir film festivali olmasına rağmen tüm adayların beyaz olması, ırkçılık konusunda tartışmalara yol açmıştı. Bu nedenle bir süre Akademi Ödülleri'nde ırkçılık eleştirilerini destekleyen birçok ünlü Hollywood yıldızı, 88. Akademi Ödüllerini boykot etmişti.

Akademi Ödülleri'nin 92'ncisi, Pazar gecesi ABD'nin Los Angeles kentindeki Dolby Tiyatrosu'nda düzenlendi. Akademi Ödülleri'nin 92 yıllık tarihinde ilk defa İngilizce dışındaki bir dilde çekilen bir film en iyi film ödülünü kazandı: Bong Joon Ho'nun Parazit filmi en iyi film, en iyi yönetmen ve en iyi uluslararası film kategorilerinde Oscar ödülünü kazandı.

기생충 - 오스카 역사상 최초: 최우수 영화상은 한국 작품에게 돌아갔다.

아카데미 시상식 또는 일반적으로 알려진 이름으로서 오스카 시상식은 영화 산업의 예술적 그리고 기술적 성취에 대한 상이다. 상은 매년 캘리포니아에 기반을 둔 영화 예술 과학 아카데미에서 수여한다. 아카데미상 후보에 오르기 위해 (영화는) 최소 40분 이상의 러닝타임과 로스앤젤레스 근처의 최소 하나의 극장에서 유료 상영과 적어도 1주 이상의 상영 기간이 필요하다.

한때 아카데미 시상식이 국제적인 영화 축제임에도 불구하고 모든 후보가 백인이라는 사실이, 인종차별 논란을 촉발했었다. 이 때문에 한동안 아카데미 시상식에서 인종차별 비판을 지지한 많은 유명 할리우드 스타들이 제88회 아카데미 시상식을 보이콧했다.

제92회 아카데미 시상식은 일요일 밤 미국 로스앤젤레스 돌비 극장에서 열렸다. 아카데미 92년 역사상 처음으로 영어 이외의 언어로 촬영된 영화가 최우수 작품상을 수상했다: 봉준호의 기생충이 아카데미 작품상, 감독상 그리고 국제 영화상을 수상했다.

SÖZCÜK

- **ödül** 명 상
- **yaygın** 형 잘 알려진, 널리 퍼진
- **film endüstrisi** 명 영화 산업
- **sanatsal** 형 예술적인, 예술의
- **teknik** 명 기술
- **verilmek** 동 수여되다, 받다, 부여되다, 제공되다
- **aday** 명 후보자
- **ücretli** 형 유료의, 유상의
- **süre** 명 기간, 동안, 기한
- **uluslararası** 형 국제적인
- **beyaz** 형 하얀 명 백인
- **ırkçılık** 명 인종차별주의, 종족주의
- **-I desteklemek** 동 지원하다, 지지하다, 후원하다
- **ünlü** 형 유명한
- **boykot etmek** 동 보이콧하다, 파업하다
- **kent** 명 도시
- **tiyatro** 명 극장
- **-I düzenlemek** 동 개최하다, 질서를 잡다
- **tarih** 명 역사
- **çekilmek** 동 후퇴하다, 사임하다, 물러나다, 줄어들다, 촬영되다 [çekmek]
- **-I kazanmak** 동 벌다, 소득을 얻다, 수상하다, 이기다
- **yönetmen** 명 감독
- **kategori** 명 카테고리, 범주

*출처: https://www.bbc.com/turkce/haberler-dunya-51439235

Konu ile ilgili Sözcükler

영화

alt yazı	명 자막	komedi	명 코미디
aktör	명 배우	korku	명 무서움, 공포
animasyon	명 애니메이션	macera	명 모험
sanatçı	명 예술가	ödül	명 상
belgesel	명 다큐멘터리	rol	명 역할
bilim kurgu	명 공상과학	senaryo	명 대본
çizgi film	명 만화	seyirci	명 관람자, 시청자
drama	명 드라마	sinema	명 영화관
film	명 영화	tören	명 의식, 식
gişe	명 매표소, 카운터	tür	명 종류
izleyici	명 청중	vizyon	명 전망
kamera	명 카메라	yönetmen	명 감독

1 다음 단어들을 문맥에 맞게 배열하여 문장을 완성하시오.

❶ yarışmaya / katılmaktayım / Ankara'dan
(나는 앙카라에서 경기에 참가한다.)

→ ______________________________

❷ dünyanın her yerinde / korumak için / çalışmalar yapmaktadır / UNICEF çocuk hakları
(유니세프는 아동의 권리를 보호하기 위해서 전 세계 모든 곳에서 활동하고 있다.)

→ ______________________________

❸ en çok / turist / gelmektedir / Türkiye'ye / Avrupa ülkelerinden
(주로 유럽 국가들에서 튀르키예로 관광객들이 온다.)

→ ______________________________

2 다음 빈칸에 알맞은 시제어미를 넣어 이야기를 완성하시오.

Sınav döneminde her gün gece geç saatlere kadar ders ❶ ______________. Ocak 22, o gün de yorgun bir biçimde kütüphaneden çıkıp otobüse ❷ ______________. Otobüsten inip eve doğru yürürken sokağın köşesinde yavru bir kedi ❸ ______________. Hemen yanına ❹ ______________. Soğuk havadan titriyordu. Yanıma alıp eve ❺ ______________. Ama annemin kediye alerjisi olduğunu hatırladım.

1-3

1 다음 대화를 듣고 빈칸을 채우시오.

Kenan	Hangi tür filmlerden hoşlanırsın?
Canan	Romantik filmlerden ❶ ____________.
Kenan	Peki, korku filmleri nasıl?
Canan	Eskiden sık sık ❷ ____________. Fakat şimdi hayır.
Kenan	Anladım. Bu hafta sonu sinemaya ❸ ____________. Sen de ❹ ____________?
Canan	Haftaya vizem var. Şimdi de ders ❺ ____________. Sınav olmasaydı gelmek ❻ ____________.
Kenan	Peki, kolay gelsin.

2 대화를 다시 듣고, 참인 경우 **D(Doğru)**, 거짓인 경우 **Y(Yanlış)**로 표시하시오.

❶ Canan romantik filmler izlemekten hoşlanır. → ________

❷ Canan korku filmi izlemeyi sever. → ________

❸ Kenan, geçen hafta sonu sinemaya gitmişti. → ________

❹ Gelecek hafta Canan'ın sınavı var. Canan, bu yüzden ders çalışıyor. → ________

다음 질문을 해석하고 이에 알맞게 긍정/부정의 형태로 답하시오.

❶ Küçükken her şeyi bu kadar çabuk ezberler miydin?

해석 ______________________________

Evet, ______________________________

Hayır, ______________________________

❷ Siz yeni araba almayacak mıydınız?

해석 ______________________________

Evet, ______________________________

Hayır, ______________________________

❸ Unuttum. Bu araştırmayı yapıyor muyduk?

해석 ______________________________

Evet, ______________________________

Hayır, ______________________________

Yazma

쓰기는 의식을 재구조화한다.

다음 질문을 한국어로 해석하고, 그에 대한 대답을 튀르키예어로 작문하시오.

❶ Daha önce bu filmi seyretmiş miydin?

해석

작문

❷ Siz her akşam ne yapardınız?

해석

작문

❸ Bebeğiniz geceleri erken uyuyor muydu?

해석

작문

❹ Sen üniversitedeyken ne okuyacaktın?

해석

작문

❺ Türkiye'de nüfus her yıl artmakta mı?

해석

작문

Konu
02

Eğitim (교육)

Sınav için hiç ders çalışmıyormuş.

그는 시험을 위해 전혀 공부하고 있지 않다고 한다.

핵심 문법 표현

1 Sınav için hiç ders çalışmıyormuş.
그는 시험을 위해 전혀 공부하고 있지 않다고 한다.

2 Haberlere göre 2025'te lise öğrencilerinin eğitimi de zorunlu olacakmış.
뉴스에 따르면 2025년에 고등학생들의 교육도 의무화 될 거라고 하네.

3 Biz küçükken ödevlerimizi iyi yaparmışız.
우리는 어렸을 때 숙제를 잘했었다고 한다.

4 Bu kitabı istemiyorum, onunkini istiyorum.
나는 이 책을 원하지 않아요, 그의 것을 원해요.

Diyalog

인류는 소통하였기에 생존하였다.

2-1

Elif	Alo. Bora. Nasılsın?
Bora	İyiyim sen nasılsın? Nasıl gidiyor?
Elif	Ben de iyiyim çok teşekkür ederim. Birkaç sorum var. Bu yüzden aradım seni.
Bora	Buyur.
Elif	Ben bir sunum hazırlıyorum. Biliyorsun, Güney Kore ile ilgili merak ettiğim çok şey var. Bu yüzden konu olarak Kore eğitim sistemini seçtim. Güney Kore eğitim sisteminde, ilkokul 6 yıl, ortaokul 3 yıl ve lise de 3 yıl olarak düzenleniyormuş. Doğru mu?
Bora	Evet. İlkokul ve ortaokul, bu iki aşama zorunlu oluyor. Ama haberlere göre 2025'te lise öğrencilerinin eğitimi de zorunlu olacakmış.
Elif	Hmm… Anladım. Genelde Kore'de öğrenciler günde 12 ile 16 saat ders çalışırmış. Gerçekten öyle mi?
Bora	Lisedeyken saat 10'a kadar okulda ders çalışıyordum. Ama şimdiki sistemi bilmiyorum.
Elif	Kore'de öğrenci olmak ne kadar zor! Hayal bile edemiyorum.
Bora	Ne yazık ki. Gerçekten öyle.

SÖZCÜK

- **birkaç** 형 약간, 얼마, 몇
- **soru** 명 질문
- **sunum** 명 발표, 프레젠테이션
- **+ I hazırlamak** 동 준비하다
- **ilgili** 형 관계가 있는, 관련된, 흥미로운
- **merak etmek** 동 관심을 가지다, 궁금해하다
- **eğitim sistemi** 명 교육제도
- **ilkokul** 명 초등학교
- **ortaokul** 명 중학교
- **lise** 명 고등학교
- **+ I düzenlenmek** 동 질서를 잡다, 규칙을 세우다
- **aşama** 명 단계, 국면
- **zorunlu** 형 의무적인, 필요한, 필수의
- **haber** 명 소식, 보도, 뉴스
- **hayal etmek** 동 상상하다

엘리프	여보세요. 보라. 잘 지내니?
보라	응 잘 지내, 넌 어때? 잘 지내고 있니?
엘리프	나도 잘 지내고 있어, 고마워. 몇 가지 질문이 있어. 그래서 너에게 전화를 걸었어.
보라	응 말해봐.
엘리프	나는 발표 준비를 하고 있어. 너도 알잖아, 나는 한국에 대해서 궁금한 것들이 많아. 그래서 발표 주제로 한국 교육제도에 대한 것을 골랐어. 한국의 교육제도는 초등학교 6년, 중학교 3년, 고등학교 3년으로 구성된다고 하는데. 맞니?
보라	응. 초등학교와 중학교 이 두 단계는 의무교육이야. 그런데 뉴스에 따르면 2025년에 고등학생들의 교육도 의무화될 거라고 하네.
엘리프	흠... 이해했어. 일반적으로 한국의 학생들은 하루에 12시간에서 16시간을 공부한다고 하는데. 정말로 그게 사실이니?
보라	나는 고등학교 때 10시까지 학교에서 공부했었어. 그런데 지금 제도에 대해서는 잘 몰라.
엘리프	한국에서 학생으로 사는 것은 정말 힘든 것 같아! 나는 상상조차 할 수 없어.
보라	유감이지만, 정말 그래.

1 -yormuş: 진행상의 전언법 (Şimdiki Zamanın Rivayet Kipi)

- -mIş는 어떠한 사건 혹은 행동에 대하여 듣거나, 경험을 통해 배우게 되어 알게 된 사실을 이야기할 때 사용하는데, -mIş가 진행상어미 -yor와 함께 사용되는 경우, 과거 혹은 현재 특정 시간에 한정되지 않고 문맥에 따라 '~(하)고 있다고(있는 중이라고) 한다/(습관적인 행동인 경우) ~곤 했(었)다고 한다' 두 가지 의미로 해석될 수 있다.

주어	동사	부정사	진행상 어미	인칭어미	의문사	전언법 어미	인칭어미
ben	bin- iç- katıl- konuş- yap- yaşa-	-mı -mi -mu -mü	-yor -ıyor -iyor -uyor -üyor		mu	-(y)muş	+um
sen							+sun
o							-
biz							+uz
siz							+sunuz
onlar				(+lar)	mı	-(y)mış	-

Ben çocukken sabahlara kadar oyun oynamak istiyormuşum.
나는 어릴 적에 아침까지 게임하고 싶어 했었다고 한다.

Biz bu yıl tatile çıkıyormuşuz.
우리는 올해 휴가를 간다고 한다.

- 3인칭 복수(onlar)가 주어로 사용되는 경우, 서술어에 인칭어미 +lAr를 중복하여 사용하지 않는다. 다만 +lAr를 사용하는 경우, +lAr는 -yor와 -mIş 사이에 위치한다.

Eskiden onlar yaz akşamlarında açık hava sinemalarına gidiyormuş.
과거에 그들은 여름 저녁에 야외 영화관에 가곤 했다고 한다.

Eskiden yaz akşamlarında açık hava sinemalarına gidiyorlarmış.
과거에 (그들은) 여름 저녁에 야외 영화관에 가곤 했다고 한다.

- 부정문의 경우, 부정사 mA를 사용하며, -yormuş 앞에 위치한다.

Bebekken gece uyumuyormuşum.
나는 아기였을 때 밤에 잠을 자지 않았다고 한다.

Sınav için hiç ders çalışmıyormuş.
그는 시험을 위해 전혀 공부하고 있지 않다고 한다.

- 의문문의 경우, 의문사 mu는 -yor와 -mIş 사이에 위치한다. 의문대명사(nasıl, hangi vs.)를 사용하는 경우 의문사는 사용하지 않는다. 의문사가 시제어미 앞에 위치하는 경우, 문장을 강조함과 동시에 화자의 놀람 등을 표현한다.

Sen küçükken balık yiyor muymuşsun?
너는 어릴 적에 생선을 먹었다고 하니?

Kız arkadaşın en çok hangi yemeği seviyormuş?
여자친구가 가장 좋아하는 음식은 무엇이라고 하니?

Bu sene tatile çıkıyor muymuşuz?
= Bu sene tatile mi çıkıyormuşuz?
우리는 올해 휴가를 간다고 하나요?

Onlar hâlâ orada bizi bekliyor muymuş?
= Hâla orada bizi bekliyorlar mıymış?
= Hâla orada bizi mi bekliyorlarmış?
그들은 아직도 그곳에서 우리를 기다리고 있다고 합니까?

- -yormuş는 과거 또는 현재, 혹은 과거로부터 현재까지 이어지는 불신, 거짓 등을 나타내기도 한다. 특히 그 의미를 강조하기 위해서 Güya, Sözüm ona 등의 표현과 함께 사용한다.

Güya yedi dili anadili gibi konuşup yazabiliyormuş.
(믿기지는 않지만) 그는 7개 언어를 모국어처럼 말하고 쓸 수 있다고 한다.

Sözüm ona gençken yüz metreyi 50 saniyenin altında yüzüyormuş.
(믿기지는 않지만) 그는 젊었을 적 100미터를 50초 이내에 수영할 수 있었다고 한다.

- -yormuş는 화자의 발화 이후 혹은 일정 기간이 지난 후 어떠한 사실에 대한 뒤늦은 깨달음을 의미하기도 한다.

Dakikalardır onu arıyorum. Meğer odasında oyun oynuyormuş.
나는 몇 분 동안 그것을 찾고 있었다. (이후 알게 된 사실이지만/그러나) 그는 방에서 놀고 있었다고 한다.

Dostum, yeni öğrendim! Azcık maaşla geçiniyormuşsun!
친구, 나는 새로 알게 되었어! 아주 적은 월급으로 생계를 꾸려나가고 있었다는 것을!

anadili 명 모국어

saniye 명 초

azcık 형 아주 적은, 매우 적은

2 -(y)AcAkmIş: 예정상의 전언법 (Gelecek Zamanın Rivayet Kipi)

- -(y)AcAkmIş는 과거 한 시점 혹은 일정 기간 동안의 행동에 대한 생각 또는 계획이 될 수 있으며, 상황에 따라서는 현재와 관련된 사건 역시 포함하는데, 어떠한 사건을 듣거나 배운 것에 대해 이야기하며, '~할 예정/것이었다고 한다'로 해석한다.

주어	동사	부정사	예정상 어미	인칭어미	의문사	전언법 어미	인칭어미
ben							+ım/+im
sen	çalış- iç-						+sın/+sin
o	konuş-	-ma	-(y)acak		mı	-(y)mış	-
biz	taşın-	-me	-(y)ecek		mi	-(y)miş	+ız/+iz
siz	yaz- yönet-						+sınız/+siniz
onlar				(+lar/+ler)			-

Bir ay sonra İstanbul'a yerleşecekmiş.
그는 한 달 후 이스탄불로 이사할 예정이라고 한다.

Haberlere göre yarından itibaren kar yağışı başlayacakmış.
뉴스에 따르면 내일부터 눈이 내리기 시작할 것이라고 한다.

- 3인칭 복수(onlar)가 주어로 사용되는 경우, 서술어에 인칭어미 +lAr를 중복하여 사용하지 않는다. 하지만 +lAr를 사용하는 경우, 인칭어미 +lAr는 -(y)AcAK과 -mIş 사이에 위치한다.

Hepsi bugünden sonra daha yoğun çalışacakmış.
모두들 오늘 이후로 더 열심히 일할 것이라고 한다.

Bugünden sonra daha yoğun çalışacaklarmış.
오늘부터 더 열심히 일할 것이라고 한다.

TIP

Hepsi는 여기서 3인칭대명사 복수(onlar)의 의미 '모두들'로 사용되었다.

yoğun 형 짙은, 진한, 밀집한, 집중적인, 열심히

- 부정문의 경우, 부정사 mA를 사용하는데, 이때 발음의 편의성을 위해 -(y)AcAK 앞에 반모음 y가 위치한다.

Bundan sonra kimsenin sözünü dinlemeyecekmiş.
그는 이후로 그 누구의 말도 듣지 않을 것이라고 한다.

Doktor şu an tatildeymiş. Bu hafta ameliyat olmayacakmış.
의사는 지금 휴가 중이라고 한다. 그는 이번 주에 수술받지 못할 것이라고 한다.

- 의문문의 경우, 의문사 mI는 -(y)AcAk과 -mIş 사이에 위치한다.

Ali abi, akşam yemeğine gelecek miymişsin?
알리 형, 저녁 만찬에 오실 계획이었나요?

Onlar bizimle anlaşma yapacaklar mıymış?
그들은 우리와 계약할 것이었나요?

anlaşma 명 계약

- -(y)AcAkmIş를 1인칭 단수(ben), 복수(biz)와 함께 사용하는 경우 후회의 의미를, 다른 인칭대명사와 함께 사용하는 경우 과거에 했던 행위가 잘못되었음과 관련된 충고, 비판의 의미를 가진다. -(y)AcAkmIş는 -(y)AcAktI와 거의 비슷한 의미를 가지지만 후회, 충고, 비판 등은 사건 발생 이후에 알게 된 사실 및 상황에 기인한다.

Bu arabanın böyle sorular çıkaracağını biliyordum. İlk müşteri çıktığında satacakmışız.
나는 이 차가 이렇게 문제들을 일으킬 것을 알고 있었다. 우리는 (이 차를 사려고 했던) 첫 손님이 왔을 때 팔았어야만 했다.

- -(y)AcAkmIş는 다른 사람의 명령, 권유, 부탁 혹은 의견 등을 전달하는 경우에도 사용한다.

Anne, babamın kitaplarını hazırlayacakmışsın.
어머니, 아버지의 책들을 준비하셔야 합니다.

Ali, Yasemin bugün çok yorgunmuş, dinlenecekmiş.
알리, 야세민은 오늘 매우 피곤하다고 하네, 쉴 거래.

- -(y)AcAk, -(y)AcAkmIş, -(y)AcAktı, -(y)AcAkmIş의 차이점은 다음과 같다.

Şirketin yönetim kurulu bugün maaşlarla ilgili toplantı yapacak.
회사의 이사회는 오늘 급여에 관한 회의를 할 것이다.
[이미 (경험을 통해) 알고 있는 상황 - 계획된 미래]

Şirketin yönetim kurulu bugün maaşlarla ilgili toplantı yapacakmış.
회사의 이사회는 오늘 급여에 관한 회의를 할 것이라고 한다.
[간접적으로 알게 된 상황 - 계획된 미래]

Şirketin yönetim kurulu bugün maaşlarla ilgili toplantı yapacaktı.
회사의 이사회는 오늘 급여에 관한 회의를 할 것이었다.
[화자 본인이 이미 (경험을 통해) 알고 있었던 상황 - 과거 한 시점의 계획]

Şirketin yönetim kurulu bugün maaşlarla ilgili toplantı yapacakmış.
회사의 이사회는 오늘 급여에 관한 회의를 할 것이다고 한다.
[간접적으로 알게 되었던 상황 - 과거 한 시점의 계획]

yönetim kurulu 명 이사회, 운영위원단, 관리회
maaş 명 급여, 월급
toplantı 명 회의

3 -ArmIş: 반복상의 전언법 (Geniş Zamanın Rivayet Kipi)

- -ArmIş는 반복상 -Ar를 통해 과거 혹은 현재 시점에서 지속적으로 반복되는 습관에 대해 이야기하는데, 이때 화자의 정보는 간접적인 경험에 의지한다. '(알기로는/듣기로는) ~다고 했다/한다'로 해석한다.

<table>
<tr><th>주어</th><th>동사</th><th>반복상어미</th><th>인칭어미</th><th>의문사</th><th>전언법어미</th><th>인칭어미</th></tr>
<tr><td>ben</td><td rowspan="6">çek-
dinle-
kaç-
otur-
tanı-
yap-</td><td rowspan="4">-r
-ır/-ir/
-ur/-ür
-ar/-er</td><td rowspan="5"></td><td rowspan="6">mı
mi
mu
mü</td><td rowspan="6">-(y)mış
-(y)miş
-(y)muş
-(y)müş</td><td>+m</td></tr>
<tr><td>sen</td><td>+n</td></tr>
<tr><td>o</td><td>-</td></tr>
<tr><td>biz</td><td>+k</td></tr>
<tr><td>siz</td><td rowspan="2">부정
-maz
-mez</td><td>+nız/+niz/
+nuz/+nüz</td></tr>
<tr><td>onlar</td><td>(+lar/+ler)</td><td>-</td></tr>
</table>

Sen dinlenmek için klasik müzik dinlermişsin.
너는 휴식을 취하기 위해 클래식 음악을 듣는다고 하던데.

Burada çalışanların tamamını tanırmışsınız.
당신은 이곳의 직원들을 모두 알고 계신다고 하던데요.

- 인칭어미는 -mIş 뒤에 수반되며, 3인칭 인칭어미 +lAr의 경우, 예외적으로 -Ar와 -mIş 사이에 위치한다.

Küçükken eve misafir gelince odama kaçarmışım.
나는 어렸을 때 집에 손님이 오면 방으로 도망가곤 했다고 한다.

Mahalledeki yaşlılar her akşam bir başka evde toplanırmış.
동네 노인들은 매일 저녁 다른 집에서 모인다고 한다.

Eskiden insanlar bir şehre gitmek için saatlerce yolculuk yaparmış.
과거에는 사람들이 한 도시에 가기 위해 몇 시간 동안 이동하곤 했다고 한다.

Eskiden bir şehre gitmek için saatlerce yolculuk yaparlarmış.
그들은 과거에 한 도시에 가기 위해 몇 시간 동안 이동하곤 했다고 한다.

- 한 문장 내에 두 개 이상의 사건 혹은 동작을 설명하는 경우, -mIş는 마지막에 한 번만 사용한다.

Ali bey geceleri çok geç yatar, sabahları da herkesten önce uyanırmış.
알리 씨는 밤에 아주 늦게 잠들고, 아침에는 남들보다 먼저 일어난다고 한다.

Eskiden Ramazan ayında sahura kadar sohbet eder, yemeği birlikte yerlermis.
과거에 그들은 라마잔 기간에 사후르까지 수다를 떨고, 함께 음식을 먹었다고 한다.

- 부정문의 경우, -Ar의 부정형 mAz를 사용한다.

Bu adam çok karaktersizmiş. Yalanları ortaya çıkınca bile utanmazmış.
이 남자는 매우 성격이 안 좋다고 한다. 거짓말이 폭로될지라도 부끄러워하지 않는다고 한다.

Türkler çiğ yemek yemezmiş.
튀르키예인들은 날음식들을 먹지 않는다고 한다.

- 의문문의 경우, 의문사는 -Ar와 -mIş 사이에 위치한다. 이때 발음의 편의성을 위해 의문사 mI와 -mIş 사이에 반모음 y가 위치한다. -mIş 뒤에는 인칭어미가 수반된다. 단, 3인칭대명사 복수형(onlar)의 인칭어미(lAr)는 +Ar 바로 뒤에 위치한다.

O hiç süt içmez miymiş? Bilmiyordum.
그는 전혀 우유를 마시지 않는다던가요? 저는 몰랐어요.

Biz küçükken ödevlerimizi iyi yapar mıymışız?
우리는 어렸을 때 우리들의 숙제를 잘 했었던가요?

Onlar sık sık müzeye gider miymiş?
그들은 자주 박물관에 간다고 하던가요?

Sık sık müzeye giderler miymiş?
그들은 자주 박물관에 간다고 하던가요?

- -ArmIş는 이후에 알게 된 사실, 일정 기간이 지난 이후 깨닫게 된 사실을 설명할 때 사용한다.

Benim samimi dostum dostum olduğunu düşündüm. Ama değilmiş. Herkese benim dedikodumu yaparmış.
나는 그가 나의 진정한 친구라고 생각했다. 하지만 아니었다. 그는 모두에게 나의 뒷담화를 하곤 했다고 한다.

"Bu kadar parayı ne yapıyor?" diye düşündüm. Meğer her akşam işten sonra kumar oynarmış.
나는 "(그가) 이 정도의 돈으로 무엇을 하는 것일까?"라고 생각했다. 실제로 그는 매일 저녁 퇴근 후 도박을 하곤 했다고 한다.

- 의문문의 경우, 질문 내용과 관련된 인물들의 정보를 물어보는 의미로 사용한다.

Babasıyla arkadaşı gibi konuşuyor. Her sorunu babasıyla çözebilir miymiş?
그는 그의 아버지와 친구처럼 이야기한다. 그는 모든 문제들을 아버지와 잘 해결하던가요?

Gençliğinde gece kulüplerinden çıkmaz mıymış?
그는 젊었을 적 나이트클럽에서 나오지 않았다고 하던가요? ('밤늦게까지 놀다'라는 의미)

4 ki: 접사 (İlgi Eki)

- 접사 ki는 문장 내에서 형용사화 혹은 명사화를 위해 사용된다.

형용사화

접미사 ki는 '~에/에서'라는 의미를 나타내는 +DA(Bulunma eki) 장소격어미 또는 시간을 나타내는 단어들과 함께 사용하여 명사를 수식하는 형용사의 역할을 한다.

Bahçe + de + ki çiçeklerin hepsi susuzluktan öldü.
마당에 있는 꽃들은 모두 메마름(갈증)으로 죽었다.

- 장소 + DA + ki는 '~(장소)에 있는'이라는 뜻으로 사용한다.

  Dün gece + ki yağmur, birçok binanın borularının patlamasına sebep olmuş.
  어젯밤의 비는 많은 건물들의 수도관이 터지게 된 원인이 되었다.

- 시간 + DA + ki는 '~(시간)의'라는 뜻으로 사용한다. (접미사 ki는 dünkü, bugünkü, öbürkü를 제외하고 모음조화 무시)

  Dün + kü yemekleri sen mi hazırladın?
  어제의 식사를 네가 준비했니?

  Bu sabah + ki toplantıda müdür telefonlara bakmamasını istedi.
  오늘 아침의 회의에서 사장님은 휴대폰을 보지 말 것을 요청했다.

명사화

일반적으로 한정적 명사 수식의 경우, 한 문장에서의 반복적 사용을 피하기 위해 사용할 수 있다.

Senin öğrencilerin, benim öğrencilerim gibi yaramaz değil.
너의 학생들은 내 학생들처럼 장난꾸러기가 아니다.

→ Seninkiler, benim öğrencilerim gibi yaramaz değil.

→ Senin öğrencilerin, benimkiler gibi yaramaz değil.

- ki가 형용사와 결합하여 형용사 성질을 가지게 되면, 후행하는 명사의 의미까지 내포할 수 있다.

Yeni buzdolabı alacağım, çünkü evdeki buzdolabı bozuldu.
나는 새 냉장고를 살 것이다. 왜냐하면 집에 있는 냉장고가 고장 났기 때문이다.

아래의 문장이 일반적으로 더 자주 사용된다.

Yeni buzdolabı alacağım, çünkü evdeki bozuldu.
나는 새 냉장고를 살 것이다. 왜냐하면 집의 것이 고장 났기 때문이다.

→ 이 경우 ki를 '것'으로 해석했다.

- 두 문장 내에서 특정 사물을 가리키는 경우에도 동일하게 적용된다.

Bu kitabı istemedim, sabahki kitabı istedim.
나는 이 책을 원하지 않았다, 아침의 책을 원했다.

Bu kitabı istemedim, sabahkini istedim.
나는 이 책을 원하지 않았다, 아침의 것을 원했다.

TIP

sabahki가 '아침의 책'이라는 의미의 명사로 사용되었으며, 목적격어미 +I 앞에 발음의 편의성을 위해 자음 n을 추가한다.

2-2

Türkiye Eğitim Sistemi

Türkiye Cumhuriyeti anayasasına göre, her öğrencinin eğitim görme hakkı var. Türkiye'deki devlet okullarında eğitim ücretsizdir. 2012 yılından beri zorunlu eğitim 4 + 4 + 4 şeklinde 12 yıla çıkarılmıştır. Ders dönemi eylül ayında başlar. Haziran ayı içerisinde son bulur.

Okul öncesi Eğitim

Okul öncesi eğitim, 2 ile 6 yaş arası çocuklar için isteğe bağlı bir eğitimdir. Eğitim veren kurumlar çocukların fiziksel, zihinsel ve duygusal gelişimini destekler.

İlköğretim (İlkokul ve Ortaokul)

Türkiye'de ilköğretim sistemi 8 yıl sürer ve 4 + 4 şeklinde ayrılır. Öğrenciler ilk dört sene ilkokul eğitimi alır sonraki dört senede ise ortaokul eğitimi ile devam ederler. Türkiye eğitim sisteminde devlet kurumlarında ilköğretim ücretsiz olarak verilmektedir. Özel okullar ise en az iki yabancı dilde eğitim verdikleri için yüksek fiyatlar talep edebilmektedir.

SÖZCÜK

Türkiye Cumhuriyeti 명 튀르키예 공화국

anayasa 명 헌법

hak 명 권리

devlet okulu 명 국공립학교

zorunlu eğitim 명 의무교육

çıkarılmak 동 제거되다, 제외되다; (강제로) 변경되다

isteğe bağlı 형 선택적으로, 요구에 따라

kurum 명 기관, 협회, 조합, 단체

fiziksel 형 물리적인, 신체적인

zihinsel 형 정신적인

duygusal 형 감각의

gelişim 명 발전, 개발

talep etmek 동 요구하다, 요청하다, 건의하다

튀르키예의 교육 제도

튀르키예 공화국 헌법에 따르면 모든 학생들은 교육받을 권리가 있다. 튀르키예 국공립학교들의 교육비는 무상이다. 2012년부터 의무교육은 4 + 4 + 4 시스템으로 12년으로 변경되었다. 학기는 9월에 시작한다. 6월 중에 끝난다.

취학 전 교육

취학 전 교육은 2세에서 6세 사이의 어린이를 위한 선택적 교육으로 이루어진다. 교육 기관들은 아동의 신체적, 정신적 그리고 감각적 발달을 담당한다.

초등교육(초등학교 및 중학교)

튀르키예의 초등 교육 시스템은 8년 동안 지속되며 4 + 4(초등학교 4년, 중학교 4년)로 나뉜다. 학생들은 처음 4년 동안 초등교육을 받으며, 이후 4년간 중학교 교육을 받는다. 튀르키예의 교육 시스템에서 초등교육은 국가 기관에서 무료로 제공된다. 반면 사립학교의 경우 최소 2개 이상의 외국어를 가르치기 때문에 높은 학비를 요구하기도 한다.

2-2

Ortaöğretim (Lise)

İlköğretimden sonra öğrenciler çeşitli sınavlara girmekte ve puanlarına göre tercih listelerinde yer alan liselere yerleşmektedir. Öğrenciler genellikle Fen, Anadolu, Meslek, İmam Hatip ve Akşam liselerini tercih etmektedir.
Anadolu ve Fen liselerini genellikle üniversite hayali olan öğrenciler seçer. Bir an önce iş hayatına atılmak isteyen öğrenciler meslek liselerine, ilköğretim eğitiminden sonra bir işte çalışıp eğitim alabilecek zamanı olmayan kişiler ise akşam liselerine gider.

Yükseköğretim (Üniversite)

Türkiye'de öğrenciler üniversitede 4 yıllık lisans eğitimi aldıktan sonra diploma alır. Genel olarak lisans eğitimi 4 yıl sürer ancak Tıp (6 yıl), Diş Hekimliği (5 yıl) ve Veterinerlik Fakültesi (5 yıl) gibi bazı alanlar daha uzun sürebilir. Lisans eğitiminden sonra öğrenciler isterlerse yüksek lisans yapabilmektedir.

SÖZCÜK

puan 명 점수
tercih 명 선택
yerleşmek 동 설치하다, 자리 잡다, 정착하다
fen 명 (자연)과학, 이학
diploma 명 증서, 졸업 증서, 학위수여증
tıp 명 의술, 의학
diş hekimliği 명 치의학
veterinerlik 명 수의학
yüksek lisans 명 석사

중등교육(고등학교)

초등교육을 마친 학생들은 다양한 시험을 치르며, 점수에 따라 선호 목록에 포함되는 고등학교에 배정된다. 학생들은 일반적으로 과학, 아나톨리아, 직업, 이맘 하팁(종교) 및 야간 고등학교들을 선호한다. 아나톨리아와 과학 고등학교는 일반적으로 대학 진학을 꿈꾸는 학생들이 선택한다. 초등교육 이후에 빠른 시일 내에 직장에서 일을 하며 교육받을 수 있는 시간이 없는 학생들은 야간 고등학교에 재학한다.

고등교육(대학교)

튀르키예에서 대학생들은 대학에서 4년간 학부 교육을 받은 후에 졸업장을 받는다. 일반적으로 학부 교육은 4년이 소요되지만, 의학(6년), 치의학(5년) 그리고 수의학(5년)과 같은 일부 분야는 조금 더 오래 걸릴 수 있다. 학부 과정을 마친 학생들은 원하는 경우 석사 학위를 취득할 수 있다.

어휘

Konu ile ilgili Sözcükler

교육

☐ araştırma görevlisi	명 연구 조교
☐ burs	명 장학금
☐ dershane	명 학원
☐ doktora	명 박사
☐ hazırlık sınıfı	명 준비과정
☐ lisansüstü	명 학사 후 교육
☐ ödev	명 숙제
☐ pedagojik	명 교육, 교육학
☐ seviye belirleme sınavı	명 레벨테스트, 배치테스트
☐ eğitim teknolojisi	명 교육 기술
☐ mesleki eğitim stajı	명 직업 교육 인턴십, 직업 교육 훈련
☐ yatay geçiş	명 편입, 학교 전환
☐ yaz okulu	명 여름학교
☐ yüksek lisans	명 석사
☐ mezuniyet	명 졸업

1 다음 단어들을 문맥에 맞게 배열하여 문장을 완성하시오.

❶ çok ama çok / Gamze öğrenciyken / çalışıyormuş / düzensiz
(감제는 학생이었을 때 매우 불규칙하게 공부했었다고 한다.)

→ ______________________________

❷ bize gelecekti / Fatih hafta sonu / ama / ödevleri / haftaya gelecekmiş / yüzünden gelemedi
(파티는 주말에 우리에게 올 것이었다. 하지만 숙제 때문에 오지 못했다. 그는 다음 주에 온다고 한다.)

→ ______________________________

❸ Atatürk Anadolu Lisesi / düzenlermiş / bir şehir dışı turu / her güz döneminde
(아타튀르크 아나돌루 고등학교는 매년 가을 학기에 다른 도시로의 현장학습을 운영한다고 한다.)

→ ______________________________

2 다음 빈칸을 채워 문장을 완성하시오.

❶ İstanbul'__________ toplantı, hepimiz için yeni bir başlangıç olacak.
(이스탄불의 회의(만남)는 모두에게 새로운 시작이 될 것이다.)

❷ Telefon__________ Elif hanım, sizinle konuşmak istiyor.
(전화(유선상)의 엘리프 씨는 당신과 통화하고 싶어 합니다.)

❸ Akşam__________ yemeğe katılacak mısın?
(너는 (오늘) 저녁의 식사에 참석할 거니?)

❹ İş yerim__________ bilgisayarım bozuldu, ev__________ni getireceğim.
(내 직장의 내 컴퓨터가 고장 났다, 집에 있는 것(컴퓨터)을 가지고 올 것이다.)

❺ Bugün__________ oturum, ilk gün__________ gibi güzel değildi.
(오늘의 세션은, 첫날만큼 좋지 않았다.)

경청은 지혜의 특권이다.

Dinleme

2-3

1 다음 대화를 듣고 빈칸을 채우시오.

Aktan Duydun mu Tuğçe? Kore'deki ETRI yapay zekâ araştırma merkezi, bir dili kolayca öğrenmek için bir yapay zeka (AI) teknolojisi ❶ ______________.

Tuğçe Aaa! Ben de ❷ ______________ haberlerden duydum. Sen bu konu hakkında ne ❸ ______________?

Aktan Çok kültürlü ailelerin, yabancı işçilerin ve K-Fanların Korece öğrenmesi daha kolay ❹ ______________. Aslında tek başına yabancı dil öğrenmek zor ❺ ______________ bana. Hatta şimdi bu ekip, konuşma işleme teknolojisi geliştirmeyi ❻ ______________.

Tuğçe Aynen ❼ ______________. Ne kadar güzel!

2 대화를 다시 듣고, 참인 경우 D(Doğru), 거짓인 경우 Y(Yanlış)로 표시하시오.

❶ Türkiye'deki yapay zekâ araştırma merkezi, dil öğrenmek için bir yapay zekâ (AI) teknolojisi geliştirmiş. → ______

❷ Tuğçe yabancı dil öğrenirken zorlanmıyordu. → ______

❸ Tuğçe bu durumu hoş görüyor. → ______

다음 질문을 해석하고 이에 알맞게 긍정/부정의 형태로 답하시오.

❶ Sen ona sordun mu? Yarın İstanbul'a gidiyor muymuş?

해석 ______

Evet, ______

Hayır, ______

❷ Ahmet eskiden de ders çalışmaz mıymış?

해석 ______

Evet, ______

Hayır, ______

❸ O da bizimle gelecek miymiş?

해석 ______

Evet, ______

Hayır, ______

다음 문장을 튀르키예어로 작문하시오.

1. 그는 시험을 위해 전혀 공부하고 있지 않다고 한다.

→ ______

2. 뉴스에 따르면 2025년에 고등학생들의 교육도 의무화된다고 한다.

→ ______

3. 그들은 자주 도서관에 간다고 하던가요?

→ ______

4. 오늘 아침식사를 네가 준비했니?

→ ______

Konu 03

K-POP (대중가요)

Sen de bizimle gelmeliydin.

너도 우리와 함께 왔어야만 했어.

핵심 문법 표현

1 BTS Kore’nin en başarılı K-pop grubudur.
BTS는 한국의 가장 성공한 K-pop 그룹이다.

2 Sen onların yeni şarklarını dinlemeliydin.
너도 그들의 신곡을 들었어야만 했어.

3 Sen de bizimle gelmeliymişsin.
너도 우리와 함께 왔었어야만 했어.

대화

인류는 소통하였기에 생존하였다.

Diyalog

3-1

Jun	Duydun mu? BTS'nin yeni şarkısı yine billboard Hot 100 listesinin tepesine çıkmış. İlk uluslararası ve Güney Koreli grup oldu. Bence BTS, birçok yönden en iyi K-pop erkek grubu olarak tanındı.
Merve	BTS benim en sevdiğim K-pop grubudur. Biliyor musun? Benim Koreye gitme hayalim var. Bu yüzden 2 ay önce Korece kursuna başladım.
Jun	Öyle mi? Bilmiyordum. Peki nasıl gidiyor?
Merve	Bana biraz zor geliyor. Geçen sınavda da çok düşük puan aldım. Ben Korece dersine daha çok çalışmalıydım. Ben hala Korece okumakta bile zorlanıyorum.
Jun	Ben her cumartesi günü Türk arkadaşlarımın Korece çalışmalarına yardım ediyorum. Ben arkadaşlarımdan Korece çocuk kitabını yüksek sesle okumasını istiyorum. Sen de bizimle gelmeliymişsin.
Merve	Bence çok iyi olur. Ben de katılmak istiyorum.

SÖZCÜK

- **şarkı** 명 노래
- **tepe** 명 정상, 꼭대기
- **çıkmak** 동 (위로) 오르다, (밖으로) 나가다, (직장을) 그만두다, 물러나다, 출발하다
- **uluslararası** 형 국제적인
- **yön** 명 방향, 방위, 방면
- **tanınmak** 동 알려지다, 인정받다
- **hayal** 명 꿈
- **düşük** 형 떨어진, 낮은
- **çocuk kitabı** 명 동화책

준	들었어? BTS의 신곡이 또다시 빌보드 핫 100차트 1위에 올랐대. 최초의 국제적 그리고 한국 그룹이 되었어. 내 생각에 BTS는 여러 면에서 최고의 케이팝 남성 그룹으로 알려진 것 같아.
메르베	BTS는 내가 가장 좋아하는 케이팝 그룹이야. 그거 아니? 나에겐 한국에 가는 꿈이 있어. 그래서 두 달 전에 한국어 어학 코스를 시작했어.
준	정말? 난 몰랐어. 어떻게 되어가고 있니?
메르베	나한테 조금 어려운 것 같아. 지난주 시험에서도 아주 낮은 점수를 받았어. 나는 한국어를 더 많이 공부했어야만 했어. 나는 아직도 한국어를 읽는 것조차 어려워.
준	나는 매주 토요일마다 튀르키예 친구들의 한국어 공부를 도와주고 있어. 나는 친구들에게 한국어 동화책을 큰 소리로 읽는 것을 요구해. 너도 우리와 함께 했어야 했어.
메르베	내 생각에도 매우 좋을 것 같아. 나도 동참하고 싶어.

1 ±DIr: 어말어미 (Pekiştirme, Bilgi ve Tahmin Eki)

- 일반적으로 인칭어미로 문장이 종결되는 튀르키예어에서 ±DIr는 문장의 완결을 알리는 어말어미의 역할을 한다.

Bu ödül şirketimiz için büyük bir gurur kaynağıdır.
이 상은 우리 회사에 있어 큰 자부심의 원천이다.

Millî bayram, bir ülkede kutlanan ulusal içerikli bayramlara verilen addır.
공휴일은 국가에서 기념하는 국경일 행사에 주어지는 이름이다.

- ±DIr는 광고, 게시문, 공고문, 학술 정보를 목적으로 하는 공식 문서에 사용된다.

과거 Covid 19'un iş yerlerine ulaşmaması için önleyici tedbirler derhal alınmıştır.
Covid-19가 직장에까지 도달하지 못하게 하기 위해 예방 조치들이 즉시 취해졌다.

현재 Başvurunun ilk aşaması internet üzerinden yapılmaktadır.
신청의 첫 단계는 인터넷으로 이루어진다.

미래 Antalya'da bu sene film festivali düzenlenecektir.
안탈리아에서 올해 영화제가 열릴 것이다.

- ±DIr는 기대, 혹은 소망의 의미를 나타내기도 한다.

Renginiz biraz solmuş. Umarım iyisinizdir.
안색이 안 좋으시네요. 희망컨대 괜찮으시길 바랍니다.

Bu sınava çok çalıştım. Umarım kazanmışımdır.
이 시험을 위해서 나는 매우 열심히 공부했다. 희망컨대 합격했으면 좋겠다.

- ±DIr는 화자의 추정, 강력한 가능성을 나타내기도 한다. 추측의 의미를 가진다.

Şimdi Antalya çok sıcaktır.
지금 안탈리아는 매우 더울 것이다.

Sınıfta sadece bir kişi 100 aldı. Kim biliyor musun? - Elif'tir.
반에서 딱 한 명이 100점을 맞았어. 너는 누군지 아니? 엘리프일 거야.

Annen şimdi bahçede seni bekliyordur.
너의 어머니는 지금 정원에서 너를 기다리실 거야.

TIP
±표시에서 +는 명사, 형용사와의 결합 가능함을, –는 동사와의 결합 가능함을 의미한다.

ödül 명 상
gurur 명 자부심, 자랑, 자긍심, 긍지
kaynak 명 원천, 뿌리, 근거, 근원, 출처
Millî bayram 명 공휴일, 국경일
iş yeri 명 직장
ulaşmak 동 도달하다, 도착하다, 이르다, 타협하다
önleyici 명 예방
tedbir 명 조치, 경계, 경고
derhal 형 즉시, 바로
başvuru 명 신청
aşama 명 단계
düzenlemek 동 (행사 등이) 열리다, 개최되다, 질서를 잡다, 규칙을 세우다

2 -mAllydI: 필수조건의 과거 (Gereklilik Hikaye Kipi)

- -DI가 의무/당위법을 나타내는 -mAlI와 함께 사용되어 과거의 의무/당위적 행위를 나타낸다.

주어	동사	부정사	필수 조건	인칭어미	의문사	과거시제 어미	인칭어미
ben	git- oku- çalış- oyna- gel- söyle-	-ma -me	-malı -meli		mı mi	-(y)dı -(y)di	+m
sen							+n
o							-
biz							+k
siz							+nız/+niz
onlar				(+lar/+ler)			*(+lar/+ler)

Ben bu derse daha çok çalışmalıyım. (현재)
나는 이 수업을 위해 더 열심히 공부해야만 한다.

Ben bu derse daha çok çalışmalıydım. (과거)
나는 이 수업을 위해 더 열심히 공부했어야만 했다.

İşe geç kalmamak için erken evden çıkmalısın. (현재)
일에 늦지 않으려면 일찍 집에서 나서야만 한다.

İşe geç kalmamak için evden erken çıkmalıydın. (과거)
일에 늦지 않으려면 일찍 집에서 나서야만 했다.

- 인칭어미는 -DI 이후에 위치하지만 3인칭대명사를 사용하는 경우 3인칭 복수 인칭어미 +lAr는 -mAlI와 -DI 사이에 위치한다.

Ben sınav için çalışmalıydım.
나는 시험을 위해 공부해야만 했다.

Bu evden taşınmalıydı.
그는 이 집에서 이사를 가야만 했다.

Onlar buraya gelirken sözlük getirmeliydi.
그들은 이곳에 올 때 사전을 가지고 왔었어야만 했다.

Buraya gelirken sözlük getirmelilerdi.
(그들은) 이곳에 올 때 사전을 가지고 왔었어야만 했다.

- 부정문의 경우, 부정사 mA와 함께 사용한다.

Gerçekleri ona anlatmamalıydım.
나는 그에게 진실을 말하지 않았어야 했다.

Ben sana daha önce söylemiştim. Ona güvenmemeliydin.
나는 너에게 이전에 이야기했었다. 너는 그를 믿지 않았어야만 했다.

- 긍정 또는 부정의문문의 경우, 의문어미 mI는 -DI와 -mAlI 사이에 위치한다. 하지만 3인칭 복수의 경우, -DI 이전에 위치한다.

Ben acaba bu kadar konuşmamalı mıydım?
어쩌면 내가 이렇게 말을 많이 하지 않았어야만 했나요?

Sırrımı herkese anlatmalı mıydınız?
너희들은 내 비밀을 모두에게 이야기했어야만 했니?

Onlar okuldan sonra hemen askerliğini yapmamalı mıydı?
그들은 졸업 후에 바로 군입대를 했었어야만 했나요?

- 한 문장 내에 두 개 이상의 사건을 설명하는 경우, -DI는 마지막에 한 번만 사용한다.

Durum çok acildi. Hemen hastaları ambulansa yerleştirmeli, hastaneye götürmeliydi.
상황이 매우 시급했다. 그는 즉시 환자들을 구급차에 태워 병원으로 이송해야만 했다.

götürmek
동 이송하다, 데려가다, 운반하다

Sınav için gece çalışmalı, uyumamalıydım.
나는 시험을 위해 밤에 공부하고 잠자지 않았어야 했다.

- -mAlIydI가 과거의 한 사건을 가리키는 경우, 이 사건의 실현 여부는 해당 문장만으로는 파악이 불가능하다. 앞뒤 문맥에 따라 해석이 가능하다.

Babamla konuşmalı, ondan yardım istemeliydim.
Bunun için uyanmasını bekledim. (상황 진행)
나는 아버지와 이야기하고, 그에게 도움을 요청해야만 했다.
그것 때문에 (나는) 그가 일어나기를 기다렸다.

Babamla konuşmalı, ondan yardım istemeliydim.
Ama gece ben uyuduktan sonra gelmiş. (상황 종료 – 완료)
나는 아버지와 이야기하고, 그에게 도움을 요청했어야만 했다.
하지만 아버지는 밤에 내가 잠이 든 이후에 오셨다.

- -mAllydl 문장은 미래에 실현 가능성이 없음을 의미하기도 한다.

Sen en geç on dakikaya evde olmalıydın. Ama hala arkadaşlarınla sohbet ediyorsun.
너는 늦어도 10분 안에 집에 도착해야만 해. 하지만 아직도 친구들과 수다를 떨고 있네.

Saat on ikide şirkette olmalıydım. Ama sadece birkaç dakika kaldı.
나는 12시에 회사에 도착해야만 했다. 하지만 몇 분밖에 남지 않았다.

sohbet 명 수다, 대화, 잡담

3 -mAllymIş: 필수조건의 전언 (Gereklilik Rivayet Kipi)

- -mAllymIş는 -mIş가 의무/당위법을 나타내는 -mAll와 함께 사용하며, '~(했)어야만 한다고 했다'로 해석한다.

주어	동사	부정사	의무 용법	인칭어미	의문사	과거시제 어미	인칭어미
ben	ara- gir- kullan- giy- kullan- oku-	-ma -me	-malı -meli		mı mi	-(y)mış -(y)miş	+ım/+im
sen							+sın/+sin
o							-
biz							+ız/+iz
siz							+sınız/+siniz
onlar				(+lar/+ler)			*(+lar/+ler)

Sen de bizimle gelmeliymişsin.
너도 우리와 함께 왔었어야 했다고 한다.

Doktor söylemiş, Ali hemen sigarayı bırakmalıymış.
의사가 말하기를, 알리는 당장 담배를 끊어야만 한다고 했다.

- -mAlıymIş는 -mAll, -mIş와 함께 사용하며, -mAll와 -mIş 사이에 반모음 y가 수반된다. 인칭어미는 -mIş 뒤에 위치하며, 3인칭대명사 인칭어미는 -mIş 이후에 위치하지만 3인칭대명사가 사용되는 경우 3인칭 복수 인칭어미는 -mAll와 -mIş 사이에 위치한다.

İzin almak için müdür yardımcısıyla görüşmeliymişim.
허가를 받기 위해 나는 부사장과 만나야만 한다고 했다.

müdür yardımcısı
명 부사장

Hastanede annemizin yanında kalmalıymışız.
우리는 병원에서 어머니의 곁에 있어야만 한다고 했다.

Onlar hafta sonu toplantısına katılmalıymış.
그들은 주말 모임에 참석해야만 한다고 한다.

Haftasonu toplantısına katılmalılarmış.
그들은 주말 모임에 참석해야만 한다고 한다.

- 부정문의 경우, 부정사 mA는 -mAlIymIş 앞에 위치한다.

Ona tüm sırlarını anlatmamalıymışsın.
너는 그에게 모든 비밀들을 말하지 않았어야만 했다.

Burada kimseye güvenmemeliymişsin.
너는 이곳의 어느 누구도 믿어서는 안 되었다.

- -mAlIymIş는 듣거나, 이후 인지하여 깨닫게 된 사실을 설명하며, 과거, 현재, 미래 특정한 시제 구분 없이 사용 가능하다.

Genel müdüre göre toplantı saatine kadar her şey hazır olmalıymış.
총책임자에 따르면 회의 시간까지 모든 것이 준비되어야만 한다고 한다.

Başka çaresi kalmamış. Önündeki anlaşmayı imzalamalıymış.
그에게는 다른 방도가 없었다고 한다. 그는 그 앞의 계약서에 서명해야만 했다고 한다.

- -mAlIymIş는 -mAlIydI와 달리 간접적 경험을 통해 알게 된 사실을 의미한다.

Emine, dürüst bir insandır. Dostuna verdiği sözü tutmalıydı.
에미네는 정직한 사람이다. 그녀는 친구와의 약속을 지켜야만 했다.

Emine, dürüst bir insanmış. Dostuna verdiği sözü tutmalıymış.
에미네는 정직한 사람이라고 한다. 그녀는 친구와의 약속을 지켜야만 한다고 했다.

çare
명 방법, 방도, 수단, 길, 대책

imzalamak 동 서명하다

dürüst 형 정직한

3-2

K-pop nedir?

K-pop; Koredeki pop, rock, hip hop, R&B ve elektronik müziği birleştiren yepyeni bir türdür. K-pop ilk olarak 1992'de Seo Taiji ve Boys grupları sayesinde dünyada tanınmaya başladı. Sonra da Batı ülkeleri K-pop müziğini YouTube'da, 'Gangnam Style' şarkısıyla tekrardan keşfetti. Böylece dünya, pop müzikten farklı, ama yine de ona benzeyen yepyeni bir tarz ve türle tanışmış oldu.

BTS(Bangtan Boys) kimdir?

BTS tarihin en popüler K-pop grubudur. Ayrıca hayran kitlesi de çok büyüktür. BTS, birçok yönden en iyi k-pop erkek grubu sayılabilir. Hatta 'günümüzün The Beatles'ı olarak adlandırılıyorlar.

SÖZCÜK

+ I birleştirmek 동~을 결합하다
tür 명장르; 종류
şarkı 명노래
yepyeni 형완전히 새로운
tarz 명스타일
hayran kitlesi 명팬층
adlandırılmak 동불리다

K-POP이란?

K-pop은 한국의 팝, 록, 힙합, R&B, 일렉트로닉 음악을 결합한 새로운 장르이다. K-pop은 1992년 서태지와 아이들 덕분에 세상에 처음 소개되었다. 이후 서구 국가들은 유튜브를 통해 '강남스타일'이라는 노래로 K-pop을 다시 발견했다. 이로써 세계는 팝 음악과는 다르지만 다소 유사한 완전히 새로운 스타일의 장르와 만나게 되었다.

BTS는 누구인가?

BTS는 역사상 가장 인기 있는 K-pop 그룹이다. 또한 팬층 역시 매우 두텁다. BTS는 여러 면에서 최고의 K-pop 남성 그룹이라고 할 수 있다. 그들은 심지어 오늘날의 '비틀즈'로 불린다.

*출처: https://www.milliyet.com.tr/k-pop-nedir--k-pop-dunyasinda-neler-oluyor--molatik-11362/?Sayfa=7

Konu ile ilgili Sözcükler

음악

□	müzik	명 음악
□	nota	명 음표
□	oktav	명 옥타브
□	albüm	명 앨범
□	akustik	형 어쿠스틱
□	türkü	명 민요
□	akor	명 화음
□	gitar akoru	명 기타 코드
□	klasik müzik	명 클래식 음악
□	hayran	명 팬 형 놀라운, 경이로운
□	canlı müzik	명 라이브 음악
□	plak	명 레코드판
□	halk müziği	명 포크송
□	elektronik müzik	명 전자 음악
□	caz	명 재즈

1 -mAlIydI를 사용하여 다음 문장을 완성하시오.

❶ Doktorla görüşebilmek için randevu ________________, bu durumda doktorla görüşemezsiniz.

❷ Yağmur yağıyor. Şemsiye ________________.

❸ Sen de partiye ________________. Gerçekten çok eğlendik.

2 -mAlIymIş를 사용하여, 다음 해석을 참고하여 문장을 완성하시오.

❶ Hiç kimseye sırrımı ________________.
(나는 누구에게도 내 비밀에 대해 말하지 말았어야 했다.)

❷ Anneme ve babama daha saygılı ________________.
(나는 부모님에게 더 공손하게 대했어야만 했다.)

❸ Tutumlu olup zor günler için para ________________.
(우리는 근검절약하며 힘든 날들(만약)을 위해서 돈을 저축했어야만 했다.)

3-3

1 다음 대화를 듣고 빈칸을 채우시오.

Can	Tarkan'ın yeni çıkan şarkısını dinledin mi?
Nihal	Hayır daha dinlemek için zamanım olmadı. Bugüne kadar raporu ❶ __________. Geçen Aysel de beni arayıp bu şarkı hakkında söyledi. Mutlaka ❷ __________.
Can	Aynen öyle. Çok harika. Zaten onun şarkılarının hepsi güzel de... Sen hangi tür müzikten hoşlanıyorsun?
Nihal	Ben pop müzikten hoşlanıyorum.

2 대화를 다시 듣고, 참인 경우 D(Doğru), 거짓인 경우 Y(Yanlış)로 표시하시오.

❶ Nihal, ödev yüzünden çok meşguldü. → ________

❷ Aysel Tarkan'ın şarkısını tavsiye etmedi. → ________

❸ Tarkan'ın şarkıları Can'ın hoşuna gitmedi. → ________

rapor
명 보고서, 진술서, 보고

+ I teslim etmek
동 ~을 제출하다, 납부하다

mutlaka
부 반드시, 절대적으로

다음 빈칸을 채워 문맥에 맞게 문장을 완성하시오.

❶ Koşarken ayakkabımın topuğu kırıldı. Bu yüzden yeni bir ayakkabı ________________.

❷ Biz uçağı kaçırdık bu nedenle sabaha kadar havalimanında ________________.

❸ Sınavdan çok kötü bir puan aldım. Ben bu derse daha çok ________________.

❹ Bu raporu yarına kadar ________________________? Yoksa daha vaktimiz var mı?

Yazma

다음 빈칸에 알맞은 말을 넣어 문장을 완성하시오.

보기

istemeliydim götürmeliydik yapmalıydım bitirmeliymişiz

1. 1 sene önce Türkiye'ye geldim ama hala Türkçe konuşamıyorum. Türkçemi geliştirmek için ne ____________________?

2. Dün akşam sinemaya gidecektik ama kardeşim hastalandı. Hemen onu hastaneye ____________________.

3. Patron söyledi. Biz bu projeyi iki hafta içerisinde ____________________.

4. Bu soruyu çözebilmem için arkadaşımdan yardım ____________________.

Konu

04

Sağlık (건강)

Başım daha da şiddetli ağrırsa evde ne yapmam gerekiyor?

머리가 더 심하게 아파지면 저는 무엇을 해야만 하나요?

핵심 문법 표현

1. **Covid testi için sıraya girip beklemek zorundasınız.**
   Covid 테스트를 위해 줄을 서서 기다리셔야만 합니다.

2. **Başım daha da şiddetli ağrırsa evde ne yapmam gerekiyor?**
   머리가 더 심하게 아파지면 저는 무엇을 해야만 하나요?

3. **Artık hastanede yatmak zorunda değilsiniz.**
   더 이상 병원에 계실 필요가 없습니다.

4-1

Doktor Aydan hanım. Nasılsınız? Neyiniz var?

Aydan Doktor bey, her tarafım ağrıyor. Çok halsizim. Sürekli hapşırıyorum. Ne yapmalıyım? Acaba Covid kapmış mıyımdır?

Doktor Önce Covid testi yapalım. Sanırım sıra çok. Test için sıraya girip beklemek zorundasınız. Önce bu formu doldurun.

Aydan Tamamdır.

Birkaç dakika sonra

Aydan Gazetelerde okudum. Covid bulaşınca ilaçlar pek etki etmiyormuş. İlaçlar etki etmezse, ağrılar daha da şiddetlenirse evde ne yapmam gerekiyor?

Doktor Önce test sonucu çıkana kadar durumunuzu gözlemlememiz gerekiyor. Fakat ağrılar daha da artarsa evde kalmak zorunda değilsiniz. Acili hemen arayın, hastaneye gelin.

Aydan Çok endişeleniyorum ve korkuyorum.

Doktor Bol bol su için ve beslenmenize dikkat edin. Henüz hiçbir şey belli değil. Kötü şeyler düşünmeyin. Eğer bulaştıysa bile kolay atlatanlar da çok var. İyi olacaksınız.

Aydan Teşekkür ederim, doktor bey.

SÖZCÜK

halsiz 형 지친, 피로한, 무기력한, 힘이 없는

sürekli 형 계속적으로, 지속적으로, 끊임없이

hapşırmak 동 재채기하다

kapmak 동 (병에) 걸리다

sıra 명 대기자, 줄, 순서

+ I doldurmak 동 (서류 등을) 작성하다, 빈칸을 채우다

gazete 명 신문, 잡지

bulaşmak 동 감염되다, (병에) 걸리다

etki 명 효과

şiddetlenmek 동 심해지다, 강해지다, 강렬해지다

test sonucu 명 테스트 결과, 검사 결과

gözlemlemek 동 관찰하다, 지켜보다

의사 아이든 씨, 안녕하세요? 어디가 불편하신가요?

아이단 의사 선생님, 온몸이 아파요. 힘이 없고 피곤해요. 끊임없이 재채기를 해요. 제가 어떻게 해야만 하나요? 혹시 제가 코로나에 걸린 것인가요?

의사 먼저 코로나 테스트를 해봅시다. 제가 생각하기에 대기자가 많을 것 같아요. 테스트를 위해 줄을 서야만 합니다. 먼저 이 양식을 작성해주세요.

아이단 알겠습니다.

몇 분 후

아이단 신문에서 읽었어요. 코로나에 감염되었을 때 약들은 별로 효과가 없다고 하네요. 약들이 효과가 없고 통증이 더 심해지면 집에서 어떻게 해야 하나요?

의사 먼저 검사 결과가 나올 때까지 몇 가지 상황들을 지켜봐야만 합니다. 하지만 상황이 심해지면 집에 계실 필요는 없어요. 즉시 응급실에 전화하셔서, 병원으로 오세요.

아이단 너무 걱정되고 두려워요.

의사 물을 많이 마시고 음식에 주의하세요. 아직 확실한 것은 없어요. 나쁜 것들에 대하여 생각하지 마세요. 만약 감염된다고 하더라도 극복하시는 분들도 많아요. 괜찮아지실 거예요.

아이단 감사합니다, 의사 선생님.

1 -mAk, -mA gerek/lazım: 필요조건 (Gereklilik)

- -mAk, -mA gerek/lazım은 '~하는 것을 할 필요가 있다'라는 뜻으로, 앞서 배운 -mAlI (필요조건)의 의미와 비슷하게 의무적, 필수적인 일을 나타낼 때 사용된다.

주어	동사	부정사	mAk mA + 인칭어미	의무용법	시제어미
	bekle- hazırlan- kalk- ol- oyna- sür- var- yap-	ma me	-mak -mek	gerek(mek)	- -iyor -mekte -ti -ecek -miş -ir
benim senin onun bizim sizin onların			-mam/-mem -man/-men -ması/-mesi -mamız/-memiz -manız/-meniz -maları/-meleri	lazım	-dı

Benim eve gitmem gerek/lazım.
나는 집에 가야만 한다(갈 필요가 있다).

Derse geç kaldın. Senin koşman gerek/lazım.
너는 수업에 늦었다. 너는 뛰어야만 한다(뛸 필요가 있다).

- 3인칭 복수(onların)를 주어로 사용하는 경우, 서술어에 인칭어미 +lAr를 중복하여 사용하지 않으며, 명사형 전성어미 -mA를 3인칭 단수의 -ması/-mesi 형태로 명사화한다. 하지만 3인칭 복수가 주어로서 문장에 따로 언급되지 않는 경우, 인칭어미 +lAr를 사용하여 행위의 주체를 드러낸다.

Onların pasta alması gerek/lazım.
그들은 케이크를 사야만 한다(살 필요가 있다).

Pasta almaları gerek/lazım.
그들은 케이크를 사야만 한다(사야 할 필요가 있다).

gerekmek
동 필요로 하다, 요하다

gerek
형 필요한, 필수적인
명 필요, 필수

lazım
형 필요한, 필수적인

TIP

행위의 주체를 나타내주기 위하여 -mA를 사용하는 경우, 행위의 주체에는 반드시 인칭어미가 따라온다. 예문에서 Ben eve gitmem gerek/lazım이 아니라 Benim eve gitmem gerek/lazım이 되어야 한다. 직역하면, '내가 집에 가는 것을 해야만 한다.'라는 의미인데, 튀르키예어에서는 [Benim eve gitmem gerek/lazım '내가 집에 가는 것']이라는 의미를 하나로 묶어준다.

TIP

명사형 전성어미는 동사의 어간 뒤에 붙어 명사와 같은 기능을 수행하게 하는 어미이다.

- 모두에게 보편적이고 일반적인 사실 혹은 규칙을 나타낼 때는 동사원형(mAk)을 그대로 사용한다.

İnsanlara karşı saygılı olmak gerek/lazım.
사람들에게 공손한 태도를 가져야만 한다.

(Bizim) İnsanlara karşı saygılı olmamız gerek/lazım.
우리들은 사람들에게 공손한 태도를 가져야만 한다. (공손한 태도를 가지는 주체가 '우리'로 한정)

- 부정문의 경우, 문맥에 따라 다른 의미를 가진다. gerek-보다 lazım의 사용이 더 제한적이다.

Yarın okula gitmem gerekmiyor.
내일 나는 학교에 갈 필요가 없다.

Yarın okula gitmeme gerek yok.
내일 나는 학교에 갈 필요가 없다.

Yarın okula gitmem lazım değil.
내일 나는 학교에 갈 필요가 없다.

Yarın okula gitmemek gerekiyor.
내일 나는 학교에 가지 말아야 할 필요가 있다(가지 말아야 한다).

Yarın okula gitmemem lazım.
나는 내일 학교에 가지 말아야만 한다.

- 필요조건은 명사화된 문장과 gerek, lazım의 결합 또는 동사 gerek- + 시제어미로 결합하여 나타낼 수 있다.

Sağlığımıza dikkat etmeliyiz.

= Sağlığımıza dikkat etmek gerek.

= Sağlığımıza dikkat etmemiz gerek.
우리는 건강을 조심해야만 합니다.

- 필요조건은 '절대로, 무조건적으로, 반드시'의 뜻을 내포하는 부사 'mutlaka, kesinlikle'과 같이 사용되어 의미를 강조할 수 있다.

Bugün mutlaka ona telefon etmem gerekiyor.
나는 오늘 반드시 그에게 전화를 걸어야만 한다.

Bu filmi izlemeyenlerin kesinlikle izlemesi gerek.
이 영화를 보지 않은 사람들은 무조건적으로 (이것을) 보아야만 한다.

saygılı olmak 동 예의를 갖추다, 공손하게 대하다, 존경하다

TIP

+A gerek var/yok(~를 필요로 하다/하지 않다)를 사용하여, 필수나 의무의 뜻을 나타낼 수 있다. 이 경우 명사 뒤에 방향격어미(+A)가 수반되므로, 예문 Yarın okula gitmeme gerek yok의 문장에서 gitmem 뒤에 반드시 방향격어미를 붙여준다.

lazım의 경우 yok과 함께 사용될 수 없지만, gerek의 경우 değil이 gerekli değil의 형태로 사용 가능하다.

2 -mAk zorunda/mecburiyetinde/-mAyA mecbur: 의무표현 (Zorunluluk)

- 동사의 어간에 -mA 또는 -mAk을 사용하여 명사화한 이후에 zorunda, mecburiyetinde 또는 mecbur와 함께 사용되어 '~을 해야만 한다'로 해석된다.

동사	부정사	mAk	의무용법	부정사	의문사	시제어미	인칭어미
bin- çıkar- çalış- dinle- katıl- söyle-	ma me	-mak -mek	zorunda mecburiyetinde	değil	mı mi mu	-dı/-di -ydı/-ydi -mış/-miş -ymış/-ymiş	+m/+ım/ +yım/+im/+yim/ +n/+sın/+sin - +k/+ız/+yız/+yiz/ +nız/+niz/+sınız/+siniz (+lar/+ler)
		-maya -meye	mecbur				

-mAk + zorunda/mecburiyetinde

- 동사를 -mAk의 형태로 명사화한 이후 zorunda/mecburiyetinde 뒤에 인칭어미를 붙여 행위나 동작의 주체를 나타낸다. 시제어미와 함께 사용 가능하다.

Türkiye'de okumak için Türkçe öğrenmek zorundayım.
나는 튀르키예에서 공부하기 위해서 튀르키예어를 공부해야만 한다.

Metroya binmek için sıraya girmek zorundaymışsın.
너는 지하철에 타기 위해서 줄을 서야만 했다고 한다.

Biz parayı size vermek mecburiyetindeyiz.
우리는 돈을 너희들에게 주어야만 한다.

İş için burada 2 yıl kalmak mecburiyetindeydiniz.
너희들은 일을 위해서 이곳에서 2년을 머물러야만 했다.

- 부정문의 경우, zorunda/mecburiyetinde 뒤에 değil을 추가하여 동사어간 + mAk zorunda/mecburiyetinde değil + 인칭어미 형태로 사용한다.

Sana her şeyi anlatmak zorunda değilim.
나는 너에게 모든 것을 설명할 필요가 없다.

Almanya'da yaşamak için Almanca öğrenmek mecburiyetinde değil.
독일에서 살기 위해서 독일어를 배울 필요는 없다.

TIP

명사 zorun과 mecburiyet은 필요(성), 필수(성), 강요의 뜻을 가지며, 장소격어미 +DA와 함께 사용되어 '~할 수밖에 없는 처지에 놓이다', '~해야만 한다'로 해석된다.

sıraya girmek
동 줄을 서다

- 의문문의 경우, zorunda/mecburiyetinde 뒤에 의문어미 mI를 추가하여 동사어간 -mAk zorunda/mecburiyetinde mI + 인칭어미 형태로 사용한다.

Çocuklar! Her zaman televizyon izlemek zorunda mısınız?
얘들아! 항상 텔레비전을 봐야만 하는 거니?

Aç değilim. Sofraya oturmak mecburiyetinde miyim?
나는 배가 고프지 않아요. 식탁에 앉아야만 하는 건가요?

-mAyA + mecbur

- 동사를 -mAyA의 형태로 명사화한 이후 mecbur 뒤에 인칭어미를 붙여 행위나 동작의 주체를 나타낸다. 시제어미와 함께 사용 가능하다.

Kuzenim şeker hastası. Yiyeceklerine dikkat etmeye mecbur.
내 사촌은 당뇨병에 걸렸다. 그래서 먹는 것에 신경을 써야만 한다.

İnsanlarla iyi geçinmek için bazı şeylere tahammül etmeye mecbursun.
너는 사람들과 잘 지내기 위해서 일부 것들에 대해 인내심을 가질 필요가 있다.

Partiye gitmemek için arkadaşıma yalan söylemeye mecburdum.
나는 파티에 가지 않기 위해 내 친구에게 거짓말을 해야만 했다. (과거시제와도 사용 가능)

- 부정문의 경우, mecbur 뒤에 değil을 추가하여 동사어간 -mAyA + mecbur değil + 인칭어미 형태로 사용한다.

Herkes partiye katılmaya mecbur değil.
모두가 파티에 참석할 의무는 없다.

Avukatınız olmadan konuşmaya mecbur değilsiniz.
당신은 변호사 없이 말할 의무가 없다.

- 의문문의 경우, mecbur 뒤에 의문어미 mI를 추가하여 동사어간 -mAyA + mecbur mI + 인칭어미 형태로 사용한다.

Her akşam yatmadan önce dişlerimi fırçalamaya mecbur muyum?
나는 매일 밤 잠이 들기 전에 양치를 해야만 하나요?

Toplantıda konuşma yapmaya mecbur muyuz?
우리는 회의에서 말해야만 하는 의무가 있나요?

mecbur 형 필수적인, 하지 않을 수 없는, 부득이한

TIP

mAyA는 명사형 전성어미(동사를 명사화시키는 어미) mA에 방향격어미 +A가 함께 사용된 형태이다.

şeker hastası 명 당뇨병

tahammül etmek 동 인내심을 가지다

yalan söylemek 동 거짓말하다

3 zorunda kal-: 의무표현 (Zorunluluk)

- zorunda kal-은 동사의 어간에 -mAk을 사용하여 명사화한 이후에 동사 kalmak과 함께 '(어떤 선택권도 없이, 해야만 하는 처지에 놓인) ~해야만 한다'로 해석한다. 시제어미와 함께 사용하여 행위 혹은 동작의 시점을 나타낼 수도 있다.

<table>
<tr><th>동사</th><th>부정사</th><th>mAk</th><th>의무용법</th><th>동사</th><th>부정사</th><th>시제어미</th><th>의문사</th><th>인칭어미</th></tr>
<tr><td rowspan="3">anlat-
iste-
oku-
öde-
ver-
yaz-</td><td rowspan="3">ma
me</td><td rowspan="3">-mak
-mek</td><td rowspan="3">zorunda</td><td rowspan="3">kal-</td><td>mı</td><td>-yor/-ıyor</td><td rowspan="3">mu
mı</td><td rowspan="3">+m/+ım/+um/+yım/+yum/
+n/+sın/+sin/+sun
-
+k/+ız/+uz/+yız/+yuz/
+nız/+sınız/+sunuz
(+lar/+ler)</td></tr>
<tr><td>ma</td><td>-acak/-yacak
-mış
-dı</td></tr>
<tr><td>maz</td><td>-ır</td></tr>
</table>

Dolar çok yükseldi. Evdeki tüm altınları satmak zorunda kaldım.
달러가 많이 올랐다. 나는 집에 있는 모든 금을 팔아야만 했다.

Evde yiyecek bulamadık, kurabiye yemek zorunda kalacağız.
우리는 집에서 먹을 것을 찾을 수 없어서 쿠키를 먹어야만 했다(먹을 수밖에 없는 처지에 놓였다).

4-2

Şişmanlık (Obezite)

<Şişmanlığın nedeni>

Son yıllarda insanların en büyük problemlerinden birisi de şişmanlıktır. Şişmanlığın birçok nedeni vardır. Genetik etkenler, çevresel etkenler, yaşam tarzı, beslenme alışkanlıkları ve fiziksel hastalıklar şişmanlığa neden olmaktadır. Bunun dışında ailenin tutumu, sosyal etkenler, ailelerin beslenme konusundaki bilgisizlikleri ve sosyo-ekonomik düzeydeki düşüklükler de nedenler arasında sayılmaktadır.

<Peki şişmanlık ile nasıl başa çıkabiliriz?>

Şişmanlığa karşı ana hedef kilo vermekten çok sağlıklı bir beslenme ve düzenli hayat alışkanlığı kazanmaktır. Yağlı yemekler ve tatlı atıştırmalıklardan kaçınmak ve bol bol su içmek gerekmektedir. Ayrıca hareketsiz yaşam tarzını değiştirmeli ve sürekli TV izlemek yerine spor yaparak aktivite seviyesini artırmak gerekmektedir. Bununla birlikte şişmanlık tedavisi için psikiyatri uzmanlarının yardımı da alınabilir.

SÖZCÜK

- **şişmanlık(Obezite)** 명 비만
- **genetik etken** 명 유전적 요인
- **çevresel etken** 명 환경적 요인
- **beslenme alışkanlığı** 명 식습관
- **bilgisizlik** 명 무지
- **sosyo-ekonomik** 형 사회 경제적인
- **başa çıkmak** 동 대처하다
- **ana hedef** 명 주요 목표
- **tedavi** 명 치료
- **psikiyatri** 명 정신과 의사

비만

<비만의 원인>

최근 몇 년 동안 사람들의 가장 큰 문제들 중 하나는 비만이다. 비만의 원인은 많다. 유전적 요인, 환경적 요인, 생활 습관, 식습관, 신체 질환이 비만의 원인이 된다. 이외에도 가족 관계, 사회적 요인, 가족들의 영양 관련 무지, 낮은 사회 경제적 수준도 원인으로 간주된다.

<그렇다면 우리는 비만에 어떻게 대처할 수 있을까?>

비만의 주요 목표는 체중 감량보다는 건강한 식단과 규칙적인 생활 습관을 가지는 것이다. 기름진 음식과 단 음식을 피하고 물을 많이 마시는 것이 필요하다. 또한 TV 시청과 같은 좌식 생활 방식을 바꾸고, 스포츠를 통해 활동 수준을 높이는 것이 필요하다. 또한 비만 치료를 위해서는 정신과 의사의 도움도 받을 수 있다.

*출처: https://psikiyatri.org.tr/halka-yonelik/31/obesite-sismanlik-nedir

Konu ile ilgili Sözcükler

병원

□	tıp fakültesi	명 의과대학
□	salgın	명 전염, 유행 형 전염성의
□	acil durum	명 응급
□	gazlı bez	명 거즈
□	merhem	명 연고
□	hap / kapsül	명 알약
□	enjeksiyon	명 주사
□	yoğun bakım	명 중환자실
□	diyet	명 식단
□	şurup	명 시럽, 물약
□	ağır kesici	명 진통제
□	göz damlası	명 인공눈물
□	muayene	명 진료, 진찰
□	uyuşturucu	명 마취, 마취제
□	reçete	명 처방전
□	ateş düşürücü	명 해열제

1 다음 단어들을 문맥에 맞게 배열하여 문장을 완성하시오.

❶ otobüs / koşmamız / geliyor / gerek (버스가 오고 있어, 우리는 달려야만 해.)

→ ______________________________

❷ yarın / gerek / gitmem / görüşürüz / benim (나는 가야만 해, 내일 보자.)

→ ______________________________

❸ kırmızı / geçmemelisiniz / kesinlikle / ışıkta ((당신/당신들은) 절대로 빨간불에서 건너서는 안 된다.)

→ ______________________________

❹ gazlı / içecekler / gerekiyor / çocukların / içmemeleri (어린이들은 탄산음료를 마시지 말아야 한다.)

→ ______________________________

❺ tok / gerekmiyor / açken / almanız / alabilirsiniz / de / bu / ilacı / karnına
(이 약은 배가 부른 상태에서 복용할 필요가 없다. 공복에도 먹을 수 있다.)

→ ______________________________

2 이번 과에서 배운 문법을 활용하여 다음 이야기를 완성하시오.

Arkadaşım bana telefon edip "Hemen bana gel ❶ ____________" dedi. Hemen bir taksi çağırıp bindim ve şoföre "Hemen git ❷ ____________. Lütfen acele edin" dedim. Arkadaşımın evine gittim. Arkadaşım ağlayarak "Bugün benim yanımda ol ❸ ____________, bana moral ver ❹ ____________. Çünkü büyükannemi kaybettik, çok üzgünüm" dedi. Ben de arkadaşıma "Tabi ki" dedim. Arkadaşım bana "Dost kara günde belli olur sözü ne kadar doğruymuş" dedi.

4-3

1 다음 대화를 듣고 빈칸을 채우시오.

Yungi	Yine ne oldu? İyi misin?
Leyla	Kendimi çok kötü hissediyorum. Bugün dünden daha kötüyüm.
Yungi	Hastaneye gittin mi?
Leyla	Tabii, ama ❶ ____________________. Gitmediğim hastane kalmadı.
Yungi	Ay! Zavallı kız! Bir iyileşemedin. Bu yıl ❷ ____________________ ____________.
Leyle	Kesinlikle öyle.

2 대화를 다시 듣고, 다음 뜻에 맞게 숙어를 적으시오.

❶ Herhangi bir sorunu, problemi, sıkıntıyı çözmek

→ ____________________

❷ Devamlı hasta olmak, sık sık hastaneye gitmek

→ ____________________

다음 질문을 해석하고 질문에 알맞은 형태로 답하시오.

1. Ne tür yemeklerden kaçınmak gerekiyor?

   해석 ______________________________

   → ______________________________

2. Hastalıktan korunmak için neler yapmalı?

   해석 ______________________________

   → ______________________________

3. Hasta ziyaretinde nelere dikkat etmek gerekiyor?

   해석 ______________________________

   → ______________________________

4. Kilo vermek için aç kalmak zorunda mıyız?

   해석 ______________________________

   → ______________________________

다음 질문을 한국어로 해석하고, 그에 대한 대답을 튀르키예어로 작문하시오.

❶ Zayflamak için diyete başlamalı mıyım?

해석 ______________________

작문 ______________________

❷ Muayene olmak için (doktordan) randevu almak gerekiyor mu?

해석 ______________________

작문 ______________________

❸ Ben sigarayı bırakmak zorunda mıyım?

해석 ______________________

작문 ______________________

Konu

05

Hayvanlar (동물)

Kediler kendi bedenlerini temizler.

고양이는 (스스로) 그들 자신의 몸을 깨끗이 합니다.

핵심 문법 표현

1. Kedi ve köpek birbirine nasıl alışabilir?
   고양이와 강아지는 어떻게 서로에게 익숙해질 수 있나요?

2. Kediler kendi bedenlerini temizler.
   고양이는 그들 자신의 몸을 깨끗이 합니다.

Diyalog

5-1

Gülay Senden bir ricam var Orhan. Ben bir ay iş için yurt dışına gidiyorum. Bu yüzden kedimi ne yapacağımı düşünüyorum. Yardımcı olabilir misin?

Orhan Ben de evde kedi beslemeyi düşünüyordum. Ön hazırlık olur, ben yardımcı olurum.

Gülay Gerçekten mi? Çok teşekkür ederim.

Orhan Önemli değil. Seve seve bakarım. Peki kedi nasıl bir hayvan?

Gülay Kediler çok titiz ve temiz hayvanlardır. Kediler, kendi bedenlerini sistematik olarak temizlemek için kendi kendilerine bakım yaparlar.

Orhan Anladım. Demek fazla bir ilgi gerektirmiyor.

Gülay Aynen öyle. Ama birkaç gün evine alışmak için zorlanabilir. Ben sana kedimin evdeki battaniyesini, oyuncaklarını getireceğim. Evinde kediye kendisinin eşyalarını koklatmak faydalı olacak.

Orhan Umarım benimle güzel zaman geçirir.

Gülay Sen kedime iyi bakacaksın. Ben sana güveniyorum.

귈라이 너에게 부탁이 하나 있어 오르한. 내가 한 달 동안 일 때문에 해외로 가게 되었어. 그래서 나는 내 고양이를 어떻게 해야할지에 대해서 고민 중이야. 도움을 줄 수 있겠니?

오르한 나도 집에서 고양이를 키우고 싶다고 생각해왔어. 준비하는 셈 치고, 내가 도와줄게.

귈라이 정말? 매우 고마워.

오르한 천만에. 기꺼이 잘 보살펴줄게. 그렇다면 고양이는 어떤 동물이니?

귈라이 고양이들은 매우 세심하고 또 깨끗한 동물이야. 고양이들은 자신의 몸을 체계적으로 깨끗하게 하기 위해서 스스로 손질해.

오르한 이해했어. 그러니까 (사람의) 많은 관심이 필요하지는 않구나.

귈라이 맞아. 하지만 며칠간 집에서 익숙해지기 위해서는 시간이 걸릴 거야. 내가 너에게 집에 있는 고양이의 담요, 장난감들을 가져다줄게. 너의 집에서 고양이가 자기 자신의 물건들을 냄새 맡게 하는 것은 도움이 될 거야.

오르한 희망컨대, 나와 좋은 시간을 보냈으면.

귈라이 넌 내 고양이를 잘 보살펴줄 거야. 난 너를 믿어.

SÖZCÜK

- **rica** 명 부탁, 요구
- **yurt dışı** 명 해외
- **yardım** 명 도움
- **beslemek** 동 키우다, 보살피다, 양육하다
- **ön hazırlık** 명 준비
- **hayvan** 명 동물
- **titiz** 형 섬세한, 까다로운, 민감한
- **temiz** 형 깨끗한, 청결한
- **beden** 명 몸
- **sistematik** 형 체계적으로
- **temizlemek** 동 깨끗하게 하다, 청소하다
- **bakım yapmak** 동 돌보다, 손질하다
- **ilgi** 명 관심
- **alışmak** 동 익숙하다, 습관화되다, 적응되다
- **zorlanmak** 동 어려워하다, 힘들어하다
- **oyuncak** 명 장난감
- **eşya** 명 물건
- **koklatmak** 동 냄새 맡게 하다
- **güvenmek** 동 믿다, 신뢰하다

1 birbiri: 상호대명사 (İşteşlik Adılı)

- 주어와 목적어가 어떠한 행위를 서로 주고받음을 나타낼 때 사용하며, '서로, 상호간'으로 해석한다.

Ayşe ile Begüm, Merve'yi suçladı.
아이셰와 베귐은 메르베에게 죄를 뒤집어씌웠다.

Ayşe ile Begüm birbirlerini suçladı.
아이셰와 베귐은 서로에게 죄를 뒤집어씌웠다.

Ablam ve eniştem, komşularına küstü.
나의 언니와 형부는 이웃들에게 기분이 상했다.

Ablam ve eniştem birbirlerine küstü.
나의 언니와 형부는 서로에게 기분이 상했다.

+ I suçlamak
동 (죄를) 뒤집어씌우다, 고소하다, 고발하다
['(죄를) 뒤집어씌우다'의 경우 한국어에서는 '~에게'라는 조사를 사용하지만, 튀르키예어의 경우 목적격어미와 함께 사용한다. '~를 죄가 있다고 지목하다' 정도로 해석하는 것이 좋다.]

+ A küsmek 동 기분이 상하다, 불만을 가지다, 삐치다

- 상호대명사 birbiri는 상호 간의 행동을 나타내므로, 항상 복수가 된다. 그렇기에 1인칭 복수(biz), 2인칭 복수(siz), 3인칭 복수(onlar) 어미와 함께 동사에 수반되는 어미의 성질에 따라 그 형태가 달라진다.

주어	목적격어미	장소격어미	방향격어미	탈격어미	후치사ile	소유격어미
biz (우리)	birbirimizi	birbirimizde	birbirimize	birbirimizden	birbirimizle	birbirimizin
siz (너희, 당신)	birbirinizi	birbirinizde	birbirinize	birbirinizden	birbirinizle	birbirinizin
onlar (그들)	birbirlerini	birebirlerde	birbirlerine	birbirlerinden	birbirleriyle	birbirlerinin

3인칭 복수(onlar)의 경우 birbiri에서 어말모음 /i/는 삭제된다.

Annem ve ben birbirimize hiç benzemiyoruz, ben babama benziyorum.
나의 엄마와 나는 서로 전혀 닮지 않았습니다, 나는 나의 아버지와 닮았습니다.

Siz, birbirinizden hoşlanıyor musunuz?
당신들은 서로에게 호감을 느낍니까?

Lütfen, birbirinizle Türkçe konuşun.
제발 서로에게 튀르키예어로 이야기해주세요.

+ A benzemek 동 닮다

+ DAn hoşlanmak
동 (~으로부터) 호감을 느끼다, 좋아하다

2 kendi: 재귀대명사 (Dönüşlülük Adılı)

- 재귀대명사는 주어의 동작이 다시 주어로 되돌아가는 관계를 나타내는 대명사이다. 튀르키예어에서 재귀대명사 kendi는 '자기 자신, 바로 그 자체'의 의미를 지니며, 인칭어미와 함께 사용된다.

ben	kendim
sen	kendin
o	kendi
biz	kendimiz
siz	kendiniz
onlar	kendileri

Ben ailemi anlatacağım.
나는 나의 가족을 설명하겠습니다.

Ben kendimi anlatacağım.
나는 나 자신을 설명하겠습니다.

O fotoğraflara bakıyor.
그는 사진들을 보고 있다.

O aynada kendine bakıyor.
그는 거울에서 자기 자신을 보고 있다.

Ablam bizi çok seviyor.
나의 언니는 우리를 매우 사랑한다.

Ablam kendini çok seviyor.
나의 언니는 자기 자신을 매우 사랑한다.

TIP

3인칭 단수 +sI어미가 사용되지 않는 이유는 다음과 같다.

Merve bir çocukla yeni tanıştı. Tüm gün kendisinden bahsetti.
메르베는 한 소년과 새로 만났다. 하루 종일 그 소년에 대해서 언급했다.
(이 경우 kendisi는 지시대명사의 역할을 하며 merve가 아닌 çocuk을 가리킨다)

TIP

동사에 수반되는 어미에 따라 kendi 뒤의 격어미 역시 그 형태를 달리한다.

- kendi와 함께 명사가 사용되면, '자신의 ~것(소유)'로 해석한다.

ben	kendi 명사 + (I)m
sen	kendi 명사 + (I)n
o	kendi 명사 + (I)
biz	kendi 명사 + (I)mIz
siz	kendi 명사 + (I)nIz
onlar	kendi 명사 + lArI

Ben heyecandan senin adını unuttum.
나는 긴장으로 인해 너의 이름을 잊어버렸다.

Ben heyecandan kendi adımı unuttum.
나는 긴장으로 인해 내(자신의) 이름을 잊어버렸다.

Biz sizin adresinizi yazıyoruz.
우리는 귀하의 주소를 적고 있습니다.

Biz kendi adresimizi yazıyoruz.
우리는 우리 자신의 주소를 적고 있습니다.

- '(어느 누구의 도움을 받지 않은) 혼자, 스스로'라는 의미를 표현하기 위해서는 재귀대명사 kendi를 두 번 연달아 사용한다.

Niçin kendi kendine gülüyorsun?
왜 너는 혼자서 웃고 있니?

O daha çok küçük. Kendi kendine yıkanamaz.
그는 아직 너무 어려. 혼자서 씻을 수 없어.

Ben yalnızlıktan kendi kendime konuşmaya başladım.
나는 외로움에 혼자 이야기하기 시작했다.

Bütün bu resimleri kendi kendine yapmış.
그는 이 모든 그림들을 혼자 그렸다고 한다.

heyecan 명 긴장, 자극, 흥분, 고무, 격정

yalnızlık 명 외로움, 고독, 적막

kendi를 사용한 관용적 표현들

kendine gelmek	회복되다, 정신을 차리다
kendini vermek	전념하다, 집중하다
kendini kaybetmek	자제력을 잃다, 통제력을 잃다
kendini kaptırmak	무언가에 푹 빠지다, 정신을 놓다
kendini (zor) tutmak	견디다, (울음, 슬픔, 웃음 등을) 참다
kendini alamamak	정신을 놓다
kendini tutamamak	참지 못하다, 인내하지 못하다
kendini toplamak	정신을 차리다

5-2

Deve hakkında ilginç bilgiler

Develer çölde yaşıyor. Develer sarı tonda renkleriyle dikkat çeker.

<Develerin hörgücü depo merkezidir.> Develerin sırtında tepe gibi bir hörgüç vardır, fakat bebek develer hörgüçsüz doğar. Bazı develerde bir, bazı develerde iki hörgüç bulunur. Tüm bu hörgüçlerin bir amacı vardır. Develer için hörgüçleri besin deposudur. Hörgüç aynı zamanda deveyi çöl sıcaklarında da koruma görevi yapmaktadır.

<Develer yürümeyi sever.> Develerin ayak tabanları yumuşaktır. Bu yüzden her şekle girebilir, yere basarken zorlanmaz. Hatta hiç yorulmadan 50 km yol yürüyebilir.

<Develer sıcaklara iyi dayanır ve çok su içer.> Develer genelde 41 dereceye varan sıcaklıklara bile dayanabilir ve bu sıcaklıktan sonra terlemeye başlar. Bu, sıcağa ve soğuğa karşı dayanıklı olan kürkleri sayesinde olur. Ayrıca develer bir defada 150 litreye kadar su içebilir.

<Develer tehlike anında tükürür.> Develer kendini tehlikede hissederse kendini korumaya çalışır ve tükürür.

<Develerin 3 tane göz kapağı vardır.> Develerde çöl rüzgarlarından ve kumlardan korunmak için 3 tane göz kapağı vardır.

SÖZCÜK

deve 명 낙타
çöl 명 사막
ton 명 색상, 톤; 음, 음색, 음조
dikkat çekmek 동 시선을 끌다
hörgüç 명 낙타 봉, 낙타 혹
+ I saklamak 동 숨기다, 치우다, 보존하다, 지니다
ayak tabanı 명 발바닥
+ A dayanmak 동 참다, 견디다, 고통을 이기다, 인고하다
terlemek 동 땀을 흘리다, 물방울이 맺히다
kürk 명 모피, 털가죽
+ I tükürmek 동 뱉다, 내뱉다, 불어서 뱉다
göz kapağı 명 눈꺼풀
kum 명 모래, 모래밭, 모래알

낙타와 관련된 신기한 정보들

낙타(들)은 사막에 산다. 낙타는 노란 색상으로 시선을 사로잡는다.

<낙타들의 혹은 창고다.> 낙타들의 등에는 언덕과 같은 혹이 있다, 그러나 아기 낙타들은 혹 없이 태어난다. 몇몇 낙타들에게는 하나, 몇몇 낙타들에게는 두 개의 혹이 있다. 어쨌든 이 혹에는 특정 역할이 있다. 낙타들에게는 혹이 영양 저장고이다. 혹은 동시에 사막의 열기 속에서 낙타를 보호하는 역할도 한다.

<낙타들은 걷는 것을 좋아한다.> 낙타들의 발바닥은 부드럽다. 따라서 여러 모양으로 변할 수 있으며, (때문에) 땅을 밟을 때 어려움을 겪지 않는다. 심지어 그들은 지치지 않고 50km의 길을 걸을 수 있다.

<낙타들은 더위를 잘 견디고, 물을 매우 많이 마신다.> 낙타들은 일반적으로 41도까지 올라가는 무더위에서도 견딜 수 있으며, 이 온도가 넘으면 땀을 흘리기 시작한다. 이것은 더위와 추위에 강한 모피 덕분이다. 또한 낙타들은 한번에 150리터까지 물을 마실 수 있다.

<낙타들은 위협받는 상황에서 침을 뱉는다.> 낙타들은 자신들이 위험을 느끼게 되면 스스로를 보호하기 위해 침을 뱉는다.

<3개의 눈꺼풀을 가지고 있다.> 낙타들은 사막의 바람들과 모래들로부터 보호하기 위한 3개의 눈꺼풀이 있다.

*출처: https://www.milliyet.com.tr/galeri/develer-hakkinda-ilginc-bilgiler-6235814/1

Konu ile ilgili Sözcükler

동물

□	omurgalılar/omurgalı hayvanlar	명 척추동물
□	omurgasızlar/omurgasız hayvanlar	명 무척추동물
□	memeliler/memeli hayvanlar	명 포유류
□	sürüngenler	명 파충류
□	kuşlar	명 조류
□	balıklar	명 어류
□	amfibiler	명 양서류
□	kabuklular	명 갑각류

1 다음 <보기>와 같이 문장에서 밑줄 친 부분 대신 상호대명사 **birbiri**를 사용하여 문장을 재구성하시오.

보기

Murat ve Ece, Hakan'ı övdüler. (무라트와 에제는 하칸을 칭찬했다.)

→ Murat ve Ece birbirlerini övdüler. (무라트와 에제는 서로를 칭찬했다.)

❶ Babam ve annem, çocuklarını seviyor.
(나의 아버지와 나의 어머니는 아이들을 사랑한다.)

→

❷ Onlar, üst komşuya kızıyor.
(그들은 위층 이웃에게 화를 낸다.)

→

+ A kızmak
동 ~에게 화(를)내다

❸ Eser ve Olga, ülkelerini anlatacak.
(에세르와 올가는 그들의 나라를 설명할 것이다.)

→

❹ Kardeşim ve ben, Mehmet'e güveniyoruz.
(나의 동생과 나는 메흐멧을 신뢰한다.)

→

+ A güvenmek
동(~을) 믿다, 신뢰하다

2 재귀대명사 **kendi**의 사용에 유의하여 다음 문장을 해석하시오.

❶ Bu kendi yemeğimiz, Şu Çin yemeği.

→

❷ Bu bizim kendi problemimiz, başka kimseyi ilgilendirmez.

→

+ I ilgilendirmek 동 관심을 갖게 하다, 관계를 갖게 하다

❸ İşe kendi arabanla mı geliyorsun, metroyla mı?

→

5-3

1 다음 내용을 듣고 빈칸을 채우시오.

Evcil hayvanların ❶ ____________ ayrı özellikleri vardır. En ilgi çekenlerden biri de çift renkli gözlere sahip olan Van kedisidir. ❷ ____________ her iki gözü mavi, bir gözü mavi, diğeri kehribar veya her iki gözü de kehribar olabilir. Yeni doğan bebek kedinin gözleri grimsidir.
Van kedisi sevimli, cana yakın, zeki, sadık, güzel ve çekici bir hayvandır. Hassas duyu organları vardır. Bu nedenle ailede kimin mutlu kimin mutsuz olduğunu kolayca fark eder ve onlara ilgi gösterir.
Van kedisinin kalın bir kürkü olmasına rağmen soğuğa dayanamaz. İlkbahar ve sonbaharda tüy döker. Tüylerinin rengi genelde beyazdır.
Kedigiller genelde yüzmeyi sevmezken, Van kedisi suyu ve yüzmeyi sever. ❸ ____________ isteğiyle suda oynamayı ve yüzmeyi seven tek kedi türü olarak bilinir.

*출처: https://www.petihtiyac.com/van-kedisi-ozellikleri-ve-bakimi

evcil hayvan 명 반려동물
ilgi çekmek 동 눈에 띄다, 관심을 끌다, 환기하다
renkli 형 색깔의, 색깔이 있는, 활기 있는
kehribar 명 (광물) 호박
grimsi 형 회색이 도는, 회색의
sevimli 형 귀여운, 사랑스러운
sadık 형 충직한, 충성스러운
çekici 형 매력적인, 매혹적인
hassas 형 예민한, 민감한
duyu organı 명 감각기관
ilgi göstermek 동 관심을 보이다, 관심을 나타내다
tüy 명 털, 깃
dökmek 동 쏟다, 붓다, 엎지르다; 떨어뜨리다; (털 등이) 빠지다

2 내용을 다시 듣고, 참인 경우 D(Doğru), 거짓인 경우 Y(Yanlış)로 표시하시오.

❶ Bütün evcil hayvanlar ortak özelliklere sahiptir. → ______
❷ Van kedisinin kalın bir kürkü vardır. → ______
❸ Van kedisinin gözleri farklı renkte de olabilir. → ______
❹ Van kedisi, suda oynamayı sever. → ______

다음 질문을 해석하고, 적절한 형태로 답하시오.

❶ Sen Türkçeyi kendi kendine mi öğrendin?

해석 ______________________________

Evet, ______________________________

Hayır, ______________________________

❷ Bu onların kendi arabası mı?

해석 ______________________________

Evet, ______________________________

Hayır, ______________________________

❸ İstanbul'a kendi arabanızla mı gittiniz? Yoksa trenle mi?

해석 ______________________________

다음 〈보기〉의 관용표현을 문맥에 맞게 넣어 문장을 완성하시오.

보기

kendine gelmek   kendini vermek   kendini kaybetmek
kendini kaptırmak   kendini zor tutmak   kendini alamamak
kendini tutamamak   kendini toplamak

1. Ali, ameliyattan üç saat sonra ancak ______________________ .

2. O kadar güzel bir fotoğraf ki bakmaktan ______________________ .

3. Dün hiç uyuyamadım bu yüzden bugün ______________________ bir türlü işime ______________________ .

4. Dizi o kadar komikti ki gülmekten ______________________ .

5. Babam ve Oğlum filmi çok etkileyiciydi. Ağlamamak için ______________________ .

6. Kızdığında hep ______________________ . Biraz kendini kontrol et.

7. Son zamanlarda kızım bilgisayar oyunlarına ______________________ ödevlerini ihmal ediyor.

8. Merak etmeyin. Hasta bir iki gün içinde ______________________ .

Konu

06

Bayram (명절)

Ablam şimdi düğün için süsleniyor.

나의 언니는 지금 결혼을 위해 단장하고 있다.

핵심 문법 표현

1 **Ablam şimdi düğün için süsleniyor.**
나의 언니는 지금 결혼을 위해 단장하고 있다.

2 **Ali büyüklerle kucaklaştı.**
알리는 어른들과 서로 껴안았다.

대화

인류는 소통하였기에 생존하였다.

Diyalog

6-1

Hasan	Merhaba Ayşe. Ne var ne yok? İşlerin nasıl gidiyor?
Ayşe	Teşekkürler Hasan. İyiyim. Bugünlerde oldukça yoğunum.
Hasan	Yoğun olmak güzel aslında.
Ayşe	Haklısın. Bugünlerde neler yapıyorsun? Kazakistan'da hayat nasıl gidiyor?
Hasan	Biliyorsun. Bizim burada Nevruz bayramı var. Şu an herkes Nevruz bayramı için hazırlık yapıyor. Ya sen?
Ayşe	Keşke ben de oralarda olsam! Biz de burada bugün düğün hazırlığı içindeyiz. Şu an düğün salonundayız.
Hasan	Hayırdır? Sen mi evleniyorsun?
Ayşe	Yok canım. Ablam evleniyor. O da şimdi düğün için süsleniyor. Daha düne kadar ablamın yeni evini süslemeye yardım ediyordum. Buralarda düğün hazırlıkları çok yorucu oluyor.
Hasan	Biliyorum. Burada da durum farklı değil. Herhalde çok yoruluyorsundur.
Ayşe	Sorma ya. Bu arada söylemeyi unuttum. Nevruz bayramın kutlu olsun! Şimdi sizin oralar çok güzeldir!
Hasan	Umarım seneye gelirsin.
Ayşe	Elbette. Yine haberleşiriz. Ailene çok selam söyle.
Hasan	Tamamdır. Görüşmek üzere. Sen de ablana selam söyle.

SÖZCÜK

oldukça
부 매우, 꽤나, 몹시

yoğun
형 진한; 밀집한; 바쁜

hazırlık 명 준비

düğün 명 결혼식

düğün salonu
명 예식장, 결혼식장

süslenmek 동 (스스로) 치장하다, 꾸미다, 화장하다; 장식되다

하산	안녕, 아이셰. 잘 지내고 있니? 일들은 어떻게 되어 가고 있어?
아이셰	고마워, 하산. 잘 지내고 있어. 요즘은 매우 바쁘네.
하산	바쁘다는 것은 사실 좋은 거지.
아이셰	맞는 말이야. 요새는 뭐하고 지내? 카자흐스탄에서 어떻게 시간을 보내고 있니?
하산	알잖아. 여기에 네브루즈 축제가 있어. 모두들 네브루즈 축제를 준비하고 있어. 너는 어때?
아이셰	나도 거기 있었더라면 좋았을 텐데! 우리도 여기서 오늘 결혼식을 준비하고 있어. 지금 우리는 결혼식장이야.
하산	아니 뭐라고? 네가 결혼하는 거야?
아이셰	아니. 우리 언니가 결혼해. 언니도 지금 결혼 준비를 위해 단장하고 있어. 어제까지 나는 언니의 새로운 집 단장을 도와줬어. 이곳에서 결혼식 준비는 매우 피곤해.
하산	나도 알아. 여기라고 상황이 다르지는 않아. 너 매우 피곤하겠구나.
아이셰	당연하지. 그건 그렇고, 말하는 것을 까먹었네. 네브루즈 명절 잘 보내고! 지금 너희가 있는 그곳은 매우 아름답겠다!
하산	희망컨대, 네가 내년에 오면 좋겠어.
아이셰	물론이지. 또 연락하자. 가족들에게도 안부 전해주고.
하산	알겠어. 또 연락하자. 너도 언니에게 안부 전해줘.

1 -(I)n-, -(I)l-, -(I)ş-, +lAn-, +lAş-: 재귀태 (Dönüşlü Çatı)

- 재귀태란 주어로부터 출발한 동사의 행위가 주어로 다시 돌아오는 것을 말한다.

Ayşe parti için evi süslüyor. (evi: 목적어) 아이셰는 파티를 위해 집을 장식하고 있다.

→ Ayşe parti için **kendini** süslüyor. (kendini: 목적어) 아이셰는 파티를 위해 스스로를 단장하고 있다.

→ Ayşe parti için süsleniyor. 아이셰는 파티를 위해 (스스로를) 단장하고 있다.

süslemek은 '장식하다, 치장하다, 꾸미다'라는 뜻을 가지며 목적격어미(~을/를)를 수반한다. 재귀태접사 -(I)n-가 동사의 어간 süsle- 뒤에 수반되어 süsle-n-이 될 때, süslen- 동사 자체가 '스스로를'이라는 의미를 포함하기 때문에, 동사는 자동사가 되어 목적어가 생략된다.

- 동사의 어간이 모음으로 끝나는 경우 -n-이, 자음으로 끝나는 경우 매개모음이 동반되어 -In-의 형태가 된다. 예외적으로 일부 한 음절로 구성된 동사의 경우 어간에 -Il이 사용된다.

동사의 어간이 모음으로 끝나는 경우

süsle-	~을 장식하다, 치장하다, 꾸미다	→	süsle-n-	(주어가 스스로) 단장하다, 꾸미다
temizle-	~을 청소하다, 치우다	→	temizle-n-	(주어가 스스로) 깨끗이 하다, 씻다

Gelin nikâhtan önce aynanın karşısında süslendi.
신부는 결혼식 전에 거울 앞에서 (스스로를) 단장했다.

동사의 어간이 자음으로 끝나는 경우

öv-	~을 칭찬하다, 좋게 말하다	→	öv-ün-	(주어가 스스로를) 자랑하다, 뽐내다
giy-	~을 입다, 걸치다	→	giy-in-	(주어가 스스로) 옷을 입다

O, birincilik ödülünü kazanmakla övündü.
그는 1등 상을 수상했다고 자랑했다.

ödül 명 상

일부 한 음절로 구성된 동사의 경우

çek-	~을 끌다, 당기다	→	çek-il-	(주어 스스로가) 물러나다, 철수하다
kat-	~을 더하다, 추가하다, 혼합하다	→	kat-ıl-	(주어 스스로가) 참가하다, 가담하다

Toplantıya ben de katılmak istiyorum.
회의에 나도 참석하고 싶어요.

재귀태접사 +lAn-, +lAş-는 명사와 형용사와 결합하여, 동사로 사용된다.

명사

yağ	기름	→	yağ + lan-	기름칠하다
hazır	준비	→	hazır + lan-	준비하다
sabun	비누	→	sabun + lan-	비누칠하다

형용사

iyi	좋은	→	iyi + leş + mek	호전되다, 회복하다, 쾌차하다
kötü	좋지 못한, 나쁜, 추한	→	kötü + leş + mak	나빠지다, 악화되다
güzel	예쁜, 좋은	→	güzel + leş + mak	아름다워지다, 예뻐지다, 좋아지다
zor	어려운	→	zor + laş + mak	어려워지다
pembe	분홍색, 분홍색의	→	pembe + leş + mak	붉어지다, 분홍빛을 띠다
beyaz	흰색, 흰	→	beyaz + laş + mak	희게 되다, 희어지다

- 재귀태접사를 사용하는 문장에서 'kendi', 'kendi kendine'와 같은 어휘가 함께 사용되는 경우 '어느 누구의 도움 없이, 혼자서, 자립적으로'라는 의미로 해석한다.

Yeğenim henüz dört yaşında, ama kendi giyiniyor, kreşe gitmek için kendi hazırlanıyor.
나의 조카는 아직 4살이지만 어느 누구의 도움도 없이 옷을 입고, 유치원에 가기 위해 혼자서 준비한다.

Bence yeteri kadar büyüdün. Kendi kendine yıkanabilirsin.
내가 생각하기에 너는 충분히 다 컸어. 너는 혼자서 씻을 수 있어.

2 -(I)ş-, +lAş-: 상호태 (İşteş Çatı)

- 상호태란 둘 이상의 대상이 서로 같은 동작, 서로에게 하는 행위를 하는 것을 말한다. 상호태는 동사 어간에 접사 -(I)ş-를 사용하며, '(둘 이상의 대상이 상호적으로) 서로 ~을 하다'라는 뜻을 나타낸다.

Ali çocuğu kucakladı, çocuk Ali'yi kucakladı.
알리는 아이를 껴안았다, 아이는 알리를 껴안았다.

→ Ali ile çocuk kucaklaştı.
알리와 아이는 서로 껴안았다.

+I kucaklamak
㊍ 껴안다, 끌어안다

kucaklaşmak
㊍ kucaklamak의 상호형, 서로 껴안다, 함께 껴안다

- 상호태는 '서로 ~을 하다'라는 의미로, 주어와 목적어가 동사의 행위를 상호적으로 주고받는 경우 사용되며, 앞서 배운 birbiri와는 또 다른 형태로서 동사 자체가 그 의미를 내포한다.

Ahmet Ayşe'ye baktı, Ayşe Ahmet'e baktı.
아흐멧은 아이셰를 바라보았다, 아이셰는 아흐멧을 바라보았다.

→ Ahmet ile Ayşe bakıştı.
아흐멧과 아이셰는 서로 바라보았다.

→ Ahmet ile Ayşe birbirine baktı.
아흐멧과 아이셰는 서로 바라보았다.

- 동사의 어간이 모음으로 끝나는 경우 상호태접사 -ş-, 동사의 어간이 자음으로 끝나면 상호태접사 -ş- 앞에 매개모음을 붙인다.

동사의 어간이 모음으로 끝나는 경우

anla-	이해하다	→	anla-ş-	(서로) 합의하다, 의견의 일치를 얻다
ağla-	울다	→	ağla-ş-	(함께) 울다

Onun dertlerini dinledik, hep birlikte ağlaştık.
우리는 그의 고민거리에 대해 듣고, 모두 함께 울었다.

동사의 어간이 자음으로 끝나는 경우

bak-	보다, 바라보다, 쳐다보다	→	bak-ış-	(서로) 쳐다보다
gör-	보다, 만나다	→	gör-üş-	(함께) 만나다, 회견하다, 면담하다, 토론하다

Bir saattir karşı masadaki kızla bakışıyorsun. Kim o?
너는 한 시간 동안 맞은편 테이블의 소녀와 서로 쳐다보고 있네. 그 여자는 누구니?

- 상호태접사는 어떠한 사건의 발생으로 인하여 일정 무리가 동시에 같은 행동을 한다는 것을 나타내기 위해서도 사용할 수 있다.

Yangın anonsuyla binadaki herkes kaçışmaya başladı.
화재 알림과 함께 건물의 모든 사람들이 함께 도망치기 시작했다.

Çocuk taş atınca parktaki güvercinler uçuştu.
소년이 돌을 던지자 공원의 비둘기들이 비산했다.

kaçmak 동 도망치다
kaçışmak 동 kaçmak의 상호형, 함께 도망하다, 흩어지다
uçmak 동 날다, 비행하다
uçuşmak 동 uçmak의 상호형, 함께 날아가다, 비산하다

- 상호태접사는 명사와 결합하여, 동사로 사용된다.

명사

haber	소식, 뉴스	→	haber + leş + mek	서신왕래를 하다, 교신하다, 통신하다
telefon	전화	→	telefon + laş + mak	전화로 이야기하다, 전화통화하다
mektup	편지	→	mektup + laş + mak	편지를 주고 받다
yardım	도움	→	yardım + laş + mak	도움을 주고 받다

6-2

Nevruz

Nevruz, baharın gelişini simgeleyen, tarihi kökenleri eskilere dayanan bir bayram olarak bilinmektedir. Nevruz her yıl 21 Mart'ta birçok ülke tarafından farklı şekillerde kutlanmaktadır. Nevruz bayramı, Azerbaycan, Kazakistan, Kırgızistan, Türkmenistan, Özbekistan, Tataristan, Uygur Özerk Bölgesi, Türkiye ve Balkanlarda geleneksel kutlamalarla sürdürülmektedir.

Nevruz kelimesi Farsça kökenli olup, yeni gün anlamına gelir. "Nev" (yeni) ve "ruz" (gün) kelimelerinin birleşmesinden oluşmaktadır. Yeni yıl ya da bahar bayramı demektir. Nevruz Anadolu'da Nevrûz-ı Sultâni, Sultan Nevruz, Navrız, Mart dokuzu gibi çeşitli isimlerle anılmaktadır. Nevruz farklı bölgelerde farklı kutlanır. İran takvimine göre yılın ilk gününü temsil eder. Bu eskiden genellikle tarımla uğraşılan bölgelerde bir tür bereket töreniydi ve günümüz Türk toplumlarında ise hala yaşayan canlı bir gelenektir.

네브루즈

네브루즈는 봄의 도래를 상징하는, 역사적인 기원을 가진 명절로 알려져 있다. 네브루즈는 매년 3월 21일에 많은 국가에서 다양한 형태로 기념된다. 네브루즈 명절은 아제르바이잔, 카자흐스탄, 키르기스스탄, 투르크메니스탄, 우즈베키스탄, 타타르스탄, 위구르 자치구 지역, 아나톨리아 반도 및 발칸 반도(국가들)에서 전통적 행사로서 계속 되어지고 있다.

네브루즈라는 단어는 페르시아어에 그 기원을 가지며, 새로운 날이라는 뜻을 가진다. "Nev"는 새로운과 "ruz" 날이라는 단어의 조합으로 구성된다. 새해 또는 봄 축제를 의미한다. 네브루즈는 아나톨리아 반도에서 네브루즈이 술탄, 술탄 네브루즈, 나브르즈 및 3월 9일과 같이 다양한 이름으로 알려져 있다. 네브루즈는 다양한 지역에서 다양한 형태로 축제가 거행된다. 이란력에 따르면 한 해의 첫 번째 날을 상징한다. 예전에는 일반적으로 농업에 종사하던 지역에 축복을 가져다주는 의식이었으며, 농업에 종사하지 않아도 오늘날 투르크 사회에서 아직도 살아있는 전통이다.

SÖZCÜK

- **bahar** 명 봄
- **geliş** 명 도래
- **simge** 명 상징, 기호, 부호, 표식
- **köken** 명 뿌리, 기원
- **+ A dayanmak** 동 ~에 의하다, ~에 의거하다
- **geleneksel** 형 전통적인
- **kutlama** 명 축제, 축하
- **+ I sürdürmek** 동 유지하다, 이어가다
- **kelime** 명 단어
- **farsça** 명 페르시아어
- **kökenli** 형 기원을 가지는, 뿌리를 가지는
- **birleşme** 명 결합, 연합, 통합
- **oluşmak** 동 구성되다, 형성되다, 생성하다, 성립되다
- **anılmak** 동 기억되다, 알려지다, 생각되다
- **+ I temsil etmek** 동 대표하다
- **tarım** 명 농업
- **uğraşmak** 동 종사하다, 애쓰다, 노력하다, 분투하다
- **bölge** 명 지역
- **bereket** 명 축복, 복
- **tören** 명 식, 의식, 축전
- **canlı** 형 살아있는, 생동하는, 활기 있는, 힘이 있는

*출처: http://www.turkishculture.org/lifestyles/ceremonies/nevruz-221.htm
https://www.sozcu.com.tr/2021/gundem/nevruz-nedir-neden-kutlaniyor-6326478/

Konu ile ilgili Sözcükler

기념일

davetiye	명 초대장
doğum günü	명 생일
öğretmenler günü	명 스승의 날
yeni yıl	명 새해, 신년
şenlik	명 축제
tören	명 시상식, 축제
bayram tebriği/bayram mesajı	명 명절 인사말
davet etmek	동 초대하다
tebrik etmek	동 축하하다
ziyaret etmek	동 방문하다
1 Ocak: Yeni yılın ilk günü	1월 1일: 새해
14 Şubat: Sevgililer Günü	2월 14일: 발렌타인 데이
8 Mart: Dünya Kadınlar Günü	3월 8일: 세계 여성의 날
1 Nisan: Dünya Sağlık Günü	4월 1일: 세계 보건의 날
23 Nisan: Ulusal Egemenlik ve Çocuk Bayramı	4월 23일: 국가 주권 및 어린이 날
8 Mayıs: Dünya Anneler Günü	5월 8일: 세계 어머니의 날
19 Mayıs: Gençlik ve Spor Bayramı	5월 19일: 청소년 및 스포츠의 날
20 Haziran: Babalar Günü	6월 20일: 아버지의 날
30 Ağustos: Zafer Bayramı	8월 30일: 승전 기념일
29 Ekim: Cumhuriyet Bayramı	10월 29일: 공화국의 날

1 다음 동사를 사용하여 문장을 만드시오.

① sallanmak (스스로 흔들거리다)

→

② saklanmak (스스로 몸을 숨기다, 숨다)

→

2 다음 두 문장을 상호태접사 -(I)ş를 사용하여 한 문장으로 만들고 해석하시오.

① Elif Serkan'ı tanıyor. Serkan Elif'i tanıyor.

→

해석

② Sema hanım sabah bana selam verdi. Ben de ona selam verdim.

→

해석

③ Ben hala eski arkadaşıma mektup yazarım. O da bana yazar.

→

해석

6-3

1 다음 대화를 듣고 빈칸을 채우시오.

Jimin	Sizin bayramlarınız nelerdir?
Aysun	23 Nisan Çocuk Bayramı, 19 Mayıs Gençlik ve Spor Bayramı, 30 Ağustos Zafer Bayramı ve 29 Ekim Cumhuriyet Bayramı'dır. Bunlar ❶ ________ ________ dır. ❷ ________ ise Ramazan ve ❸ ________ dır.
Jimin	Anladım. Sizin ❹ ________ nasıl? Neler yapıyorsunuz?
Aysun	Yemek yeriz, dans ederiz. Özellikle gelin ve damada altın ve para takarız.

2 대화를 다시 듣고, 참인 경우 **D(Doğru)**, 거짓인 경우 **Y(Yanlış)**로 표시하시오.

❶ Aysun'a göre Türkiye'de Ramazan Bayramı millî bayramlardandır. → ________

❷ Türkiye'de düğün törenlerinde asla dans edilmez. → ________

❸ Zafer Bayramı Türkiye'nin millî bayramıdır. → ________

1 각각 관련 있는 단어를 연결하시오.

❶ nişanlı •	• nişanlanmak
❷ evli •	• boşanmak
❸ dul •	• söz kesmek
❹ sözlü •	• evlenmek

2 다음 문장을 읽고, 문장의 표현이 참인 경우 **D(Doğru)**, 거짓인 경우 **Y(Yanlış)**로 표시하시오.

❶ Nişan, düğün töreninden sonra yapılır. → ______

❷ Evlenen erkeğe gelin, evlenen kıza da damat denir.
Evli olmayan kimselere bekâr denir. → ______

❸ Evlilikten önce yapılan sözleşmeye nikâh denir. → ______

❹ Evlendikten sonra boşananlara ya da eşi ölenlere dul denir. → ______

다음 〈보기〉의 단어를 생각하며, 빈칸에 문맥에 맞게 넣어 문장을 완성하시오.

보기

bayram havası　bayram şekeri　bayramdan bayrama
bayram harçlığı　bayramlık

❶ Çocukken akrabalarımdan ______________________ alırdım. Ben onu hep oyuna harcardım.

❷ Eskiden bayramda çocuklara ______________________ dağıtırdık.

❸ Dedemler yurt dışında yaşıyordu. Bu yüzden her zaman görüşemiyorduk, ancak ______________________ buluşabiliyorduk.

❹ Yeni ______________________ ını giy! Anneannenin elini öp!

❺ En küçük kardeşim yurtdışından döndü. Onun dönüşü evimizde ______________________ yarattı.

bayram havası
축제 분위기 / 명절 분위기

bayram şekeri
명절 사탕

bayramdan bayrama
명절마다

bayram harçlığı
명절 용돈

bayramlık
명절빔(새로운 옷)

Konu
07

Teknoloji (기술)

İnsanlar 1960'lı yıllardan beri internet kullanıyor.

사람들은 1960년대부터 인터넷을 사용해왔다.

핵심
문법
표현

1 İnsanlar 1960'lı yıllardan beri internet kullanıyor.
사람들은 1960년대부터 인터넷을 사용해왔다.

2 Üniversiteye başladığımdan beri bu bilgisayarı kullanıyordum.
나는 대학에 입학한 이래로 이 컴퓨터를 사용해왔다.

7-1

Öğretmen Merhaba arkadaşlar. Bugünkü konumuz internet ve iletişim. İnternet günümüzdeki en etkili iletişim araçlarından biridir. İnternet hakkında kim fikirlerini paylaşmak ister?

Ahmet Ateş, duman, güvercin gibi ilkel iletişim araçlarından sonra internet iletişimi çok kolaylaştırmış. Tabi ki mektup, telegraf, telefon, radyo ve televizyon haberleşmeyi daha hızlandırdı. Fakat tüm bunlar internet hızı ile karşılaştırılamaz. Bir tuşa tıklayıp bir mesajı yüzlerce insana anında ulaştırabiliriz.

Öğretmen Peki arkadaşlar, insanlar kaç yıldır internet kullanıyor? Bilen var mı?

Ahmet Sanırım 1960'lı yıllardan beri kullanıyoruz. Hemen hemen internet kullanmaya başlayalı 40 yıl olmuştur.

Öğretmen Haklısın Ahmet. 40 yıldır internet kullanıyoruz. 1990'larda internet kullanma oranı daha da arttı. Peki, internetle neler yapabiliriz? Kim söyleyecek?

Ahmet İnternetsiz bir hayatı hayal bile edemeyiz. Dünyanın öbür ucundaki arkadaşlarımızla her an sesli ve görüntülü konuşma yapabiliriz. Her türlü bilgiye kolaylıkla ulaşabiliriz. Hatta yemek siparişi vermek, e-mail göndermek ve video izlemek gibi yüzlerce farklı işi hızlıca yapabilmeye olanak tanıyor.

선생님 안녕하세요 여러분. 오늘의 주제는 인터넷과 통신입니다. 인터넷은 오늘날 가장 효과적인 통신 도구 중 하나입니다. 인터넷에 대하여 의견을 말하고 싶은 사람이 있나요?

아흐멧 불, 연기, 비둘기와 같은 원시적인 통신 수단들 이후 인터넷은 통신을 매우 용이하게 했어요. 물론 편지, 전신, 전화, 라디오와 텔레비전은 소통의 속도를 높여주었습니다. 하지만 이것들은 인터넷의 속도와는 비교할 수 없습니다. 버튼을 눌러 수백 명의 사람들에게 즉시 메시지를 전달할 수 있습니다.

선생님 그렇다면, 여러분 사람들은 몇 년 동안 인터넷을 사용해왔나요? 아는 사람이 있나요?

아흐멧 제가 알기로는 우리는 (인터넷을) 1960년대부터 사용해왔어요. 인터넷을 사용한 지 거의 40년이 되었습니다.

선생님 맞아요. 40년 동안 사용해오고 있어요. 1990년대에는 인터넷 사용자가 더욱더 증가했어요. 그렇다면 우리는 인터넷으로 무엇을 할 수 있나요? 누가 말해볼까요?

아흐멧 인터넷이 없는 일상을 상상할 수 없습니다. 우리는 지구 반대편에 있는 친구들과 항상 음성 및 영상 통화를 할 수 있어요. 모든 종류의 정보를 쉽게 접할 수 있고요. 심지어 음식 주문, 이메일 전송 그리고 비디오 시청과 같은 수백 가지의 다양한 작업을 빠르게 수행할 수 있는 가능성을 제공합니다.

SÖZCÜK

- **iletişim** 명 통신
- **etkili** 형 영향을 미치는, 효과적인, 유력한
- **araç** 명 도구
- **fikir** 명 생각, 관념, 신념, 의견
- **duman** 명 연기
- **güvercin** 명 비둘기
- **+ I kolaylaştırmak** 동 ~을 편리하게 하다, 용이하게 하다, 쉽게 하다
- **mektup** 명 편지
- **haberleşmek** 동 통신하다, 교신하다, 서신 왕래를 하다
- **hız** 명 속도
- **tuş** 명 버튼
- **+ A, + I tıklamak** 동 누르다, 클릭하다
- **anında** 부 순식간에, 재빨리, 즉시
- **+ A, + I ulaştırmak** 동 도달하게 하다, 전달하다
- **hayal** 명 환상, 상상
- **öbür** 형 다른
- **sipariş vermek** 동 주문하다
- **olanak tanımak** 동 가능성을 제공하다

1 +DAn beri/+DIr: 시간부사 (Zaman Belirteçleri)

- beri는 출발점을 나타내는 탈격어미 +DAn과 함께 사용되어 일정 시점부터 같은 상태로 계속 되어지는 행위를 표현한다. '~(시간)부터'로 해석된다.

Ne zamandan beri Türkçe öğreniyorsun?
당신은 언제부터 튀르키예어를 배우고 있습니까?

Ben ağustostan beri Türkçe öğreniyorum.
저는 8월부터 튀르키예어를 배우고 있습니다.

Çocuklar dünden beri bir şey yemedi.
아이들은 어제부터 아무것도 먹지 않았다.

Biz çocukluğumuzdan beri Arapça konuşuyoruz.
우리는 어린 시절부터 아랍어로 말하고 있습니다.

Üç günden beri ağzıma bir lokma koymadım.
나는 3일 전부터 입에 음식을 한입도 대지 않았다.

çocukluk
명 어린 시절, 유년기

lokma
명 한입 분량의 음식

- 년, 월, 시간과 같은 특정 시간, 순간, 기간 등을 나타내는 명사 뒤에는 무조건 +DAn beri를 사용한다.

Marttan beri Türkçe öğreniyorum.
나는 3월부터 튀르키예어를 배우고 있다.

Saat birden beri ders çalışıyorum.
나는 1시부터 공부하고 있다.

- +DIr를 사용하면, '~(시간) 동안'으로 해석된다.

İki saattir burada seni bekliyorum.
나는 두 시간 동안 여기에서 너를 기다리고 있어.

Üç gündür hastayım.
나는 3일 동안 아프다.

Üç gündür ağzıma bir lokma koymadım.
나는 3일 동안 입에 (음식을) 한입도 대지 않았다.

- epey, bayağı, çoktan과 같이 수치, 정도를 나타내는 단어를 사용하는 경우에는 +DIr를 사용한다.

Epeydir seni görmedim.
나는 오랫동안 너를 보지 못했다.

Bayağıdır ders çalışmıyorsun.
너는 꽤 오랫동안 공부를 하지 않는구나.

2 -DIk + 인칭어미 + (n)dAn beri: 동부사 (Ulaç)

- '-DIk + 인칭어미(iyelik eki) + (n)dAn beri'는 과거의 한 시점부터 현재까지 혹은 (행위의) 종료시점이 얼마 되지 않은 과거까지 이어져온 동작 혹은 상태의 시작점을 나타낸다.

 동사에 수식의 의미를 부여하여 명사를 수식하는 형용사적 역할을 하는 동형용사(분사)를 만들기 위해 사용하는 어미 -DIk은 인칭어미와 함께 사용되어 동작의 주체를 분명하게 나타내준다. 인칭어미가 동반된 -DIk에 +(n)dAn beri를 함께 사용하며, '(어떠한 행위를 한) 이래로/이후로~'로 해석한다.

Türkiye'ye geldik, o zaman Türkçe öğrenmeye başladık ve hala öğreniyoruz.
우리는 튀르키예에 왔습니다. 그때 우리는 튀르키예어를 배우기 시작했습니다. 그리고 아직도 우리는 (튀르키예어를) 배우고 있습니다.

→ Biz Türkiye'ye geldiğimizden beri Türkçe öğreniyoruz.
우리는 튀르키예에 온 이래 튀르키예어를 배우고 있습니다.

- '-DIk + 인칭어미 + (n)dAn beri'와 함께 사용된 주체와 문장 전체 주어의 주체는 각각 다를 수도 있다.

<u>Evlendiğinden beri</u> seni <u>görmedik</u>. 우리는 네가 결혼한 이래 너를 보지 못했다.
당신 주어 = 우리

Ben geldiğimden beri hiç konuşmuyorsun. Bir sorun mu var?
너는 내가 온 이래 말하지 않고 있어. (너에게) 무슨 문제라도 있니?

3 -DI -AlI: 동부사 (Ulaç)

- -DI -AlI는 -DIk + 인칭어미 + (n)dAn beri와 동일하게 '(어떠한 행위를) 한 이래로/이후~'로 해석된다.

Üniversiteden mezun olduğundan beri iş arıyor.
= Üniversiteden mezun oldu olalı iş arıyor.
그는 대학을 졸업한 이후 일자리를 찾고 있다.

Handan ameliyat olduğundan beri hiçbir şey yemedi.
= Handan ameliyat oldu olalı hiçbir şey yemedi.
한단은 수술을 한 이후 아무것도 먹지 않았다.

- 위 예문과 같이 -DI -AlI는 -DI와 접사 -AlI가 동일한 동사를 사용한다. -DI에는 인칭어미를 함께 사용한다.

Artık seni tanımıyorum. Onunla tanıştın tanışalı bambaska bir insan oldun.
나는 더 이상 너를 몰라. 너는 그와 알게 된 이후 전혀 다른 사람이 되어버렸어.

İşe girdim gireli mutsuzum.
나는 회사에 입사한 이후로 행복하지 않다.

4 -AlI: 동부사 (Ulaçlar)

- -AlI는 -DIk + iyelik + (n)dAn beri 그리고 -DI -AlI와 동일하게 '(어떠한 행위를) 한 이래로/이후~'로 해석된다.

Görüşeli yıllar geçti, ama hiç değişmemişsin.
우리가 만난 이후로 몇 년이 지났지만, 너는 전혀 변하지 않았다.

Bu köyden çıkalı on yıl geçti, ama her şey hala aynı.
이 마을을 떠난 지 10년이 지났지만, 모든 것은 여전히 똑같다.

7-2

Koronavirüs (Covid 19) salgınının sağlık ve ekonomideki etkileri dünya çapında yıkıcı oldu. Fakat böyle salgınlar, teknolojide ilerlemeyi hızlandırır ve dijital araçların kullanımını arttırır.
Uzmanlar Covid 19 nedeniyle 2020 ve sonraki yıllarda yeni teknolojilerin üretime yansımasıyla insanlığın çok daha üretken olacağını vurguladı. Uzmanlar bu duruma ilerleme konusundaki iyimserliğin nedeni olarak bakmaktadır. Salgın büyük ve küçük şirketleri dijital bir dönüşüme sürükledi ve bu konuda rekabeti de arttırdı. Teknolojinin gelişmesiyle salgından sonraki günlük yaşam da kolaylaşacaktır. Arabalar otoyollarda sürücüsüz gidebilecek, yapay zekâ kredi başvurularını işleyebilecek, kuantum bilgisayarlar günlük problemleri çözebilecek ve uydular internetin daha hızlı olmasını sağlayabilecektir.

코로나바이러스(Covid 19) 전염병이 건강과 경제에 미치는 영향은 전 세계적으로 파괴적이었다. 그러나 이러한 전염병들은 기술에 있어 발전을 가속화하며 디지털 도구 사용을 증가시킨다.
전문가들은 Covid 19로 인해 2020년 그리고 이후에 새로운 기술 생산이 반영되면서 인류가 훨씬 더 생산적이게 될 것이라고 강조했다. 전문가들은 이러한 발전 상황을 낙관론적으로 보고 있다. 전염병은 대기업과 중소기업을 디지털 혁신으로 이끌고 이에 대한 경쟁 역시 심화시켰다. 전염병 이후의 일상생활은 기술의 발전으로 인하여 더 쉬워질 것이다. 자동차는 운전자 없이 고속도로에서 주행할 수 있을 것이며, 인공지능은 대출 신청을 처리할 수 있을 것이며, 양자 컴퓨터는 일상 문제들을 해결할 수 있을 것이며 또한 위성은 인터넷을 더 빠르게 제공할 것이다.

SÖZCÜK

- **salgın** 명 전염병
- **ekonomi** 명 경제
- **etki** 명 영향, 효과, 효력
- **yıkıcı** 형 부서진, 파괴적인, 깨뜨리는
- **ilerleme** 명 발전, 진보
- **+ I hızlandırmak** 동 ~을 가속하다, 촉진하다
- **üretim** 명 생산, 제조
- **yansıma** 명 반사, 반영, 투영
- **üretken** 형 생산력이 높은, 생산적인
- **iyimserlik** 명 낙관주의, 낙관론자
- **şirket** 명 회사
- **dijital bir dönüşüm** 명 디지털 혁신
- **+ I sürüklemek** 동 ~을 질질 끌다, 동반하다, 데리고 다니다
- **rekabet** 명 경쟁
- **günlük yaşam** 명 일상생활
- **otoyol** 명 고속도로
- **sürücü** 명 운전자
- **yapay zekâ** 명 인공지능
- **kredi başvurusu** 명 대출 신청
- **işlemek** 동 처리하다, 작업하다
- **kuantum** 명 양자역학, 양자광학
- **uydu** 명 위성
- **+ I sağlamak** 동 확보하다, 제공하다, 보장하다

*출처: https://www.trthaber.com/haber/bilim-teknoloji/iste-2021in-teknoloji-trendleri-549924.html

Konu ile ilgili Sözcükler

기술

□	bilgisayar	명 컴퓨터
□	bilim	명 지식, 학문
□	çağ	명 시간, 시절, 시대, 시기
□	ekran	명 화면, 영사막; 병풍
□	faks	명 팩시밀리
□	fare	명 마우스
□	klavye	명 키보드
□	kulaklık	명 헤드폰, 이어폰
□	mesaj	명 메시지, 문자메시지
□	modem	명 모뎀
□	monitör	명 모니터
□	site	명 인터넷 사이트
□	tarayıcı	명 스캐너
□	teknoloji	명 기술
□	telefon	명 전화
□	yazıcı	명 프린터
□	+ A / + I göndermek	동 ~에 보내다 / ~을 보내다
□	+ A / + I kaydetmek	동 ~에 저장하다 / ~을 저장하다
□	+ I kolaylaştırmak	동 ~을 쉽게 만들다, 쉽게 하다
□	+ I kopyalamak	동 ~을 복사하다
□	+ I kullanmak	동 ~을 사용하다
□	mesaj yazmak	동 메시지를 작성하다, 메시지를 쓰다
□	program indirmek	동 프로그램을 다운받다
□	+ A / + I yüklemek	동 ~에 업로드하다 / ~을 업로드하다

1 다음 예시와 같이 질의응답 문장을 만드시오.

> 예시 Ayşe sabah ders çalışmaya başladı. Hala çalışıyor.
>
> 질문 Ayşe ne zamandan beri ders çalışıyor?
>
> 답 Ayşe sabahtan beri ders çalışıyor.

❶ Ahmet haziranda Türkiye'ye geldi. O hala Türkiye'de.

질문 ______________________

답 ______________________

❷ Savaş 2010'da başladı. Hala sürüyor.

질문 ______________________

답 ______________________

❸ Dersler salı günü başladı. Hala gidiyorum.

질문 ______________________

답 ______________________

2 다음 중 문맥에 맞는 알맞은 접사를 고르시오.

❶ Selma (bir yıldır / bir yıldan beri) evli.
(셀마는 1년 동안 기혼 상태이다(1년 동안 결혼 관계를 지속해오고 있다).)

❷ Osman ile biz lise (dir / den beri) arkadaşız.
(오스만과 우리는 고등학교 때부터 친구다.)

7-3

1 다음 내용을 듣고 빈칸을 채우시오.

Temassız banka/Kredi Kartı

❶ ________ hızlı ❷ ________ akıllı temassız banka/kredi kartı!
Her alışverişinde!
Gişelerde!
Otobüslerde, taksilerde hatta deniz ulaşımında kullanabilirsiniz!

<Temassız banka/kredi kartı nedir?>
Temassız banka/kredi kartı, hayatınızı ❸ ________ ve size zaman kazandıracak bir kredi kartıdır. Bu kartları, geleneksel kredi kartlarıyla aynı boyutta ve şekildedir. Ödeme anında POS cihazınına kartınızı ❹ ________ ödeme yapabilirsiniz.

<Temassız banka/kredi kartının yıllık kart ücreti var mı?>
Hayır, temassız kart sahibi müşterilerimizden ❺ ________ yıllık kart veya kullanım ücreti alınmamaktadır.

<Nasıl temassız kart sahibi olabilirim?>
Türk banka şubelerimizden 10 dakikada sahip olabilirsiniz. www.turkbanka.com.tr İnternet adresinden istekte bulunabilirsiniz.

<Temassız kartımı nasıl teslim alabilirim?>
Temassız kartınızı şubelerimizden başvuru anında teslim alabilirsiniz. Ayrıca adresinize teslim edilmesi de mümkündür.

2 내용을 다시 듣고, 참인 경우 **D(Doğru)**, 거짓인 경우 **Y(Yanlış)**로 표시하시오.

❶ Temassız kart sadece banka şubelerinden teslim alınabilir. → ________

❷ Kartı POS cihazına yaklaştırarak ödeme yapılabilir. → ________

❸ Taksi, otobüs gibi toplu taşıma araçlarında kullanılır, ancak deniz ulaşımında kullanılamaz. → ________

다음 직원과 고객의 대화를 문맥에 맞게 순서를 배열하시오.

1. Evet. Yeni bir cep telefonu almak istiyorum. Burada çok çeşit var. Seçemiyorum. Tavsiyede bulunabilir misiniz?
2. Hayır. Benim için yenilik çok önemli değil. Benim için arama, mesaj gönderme gibi temel özellikler olsa yeter. Ama kamerası iyi olsun istiyorum. Geçen aydan beri evde yavru köpek besliyoruz. Onun fotoğraflarını çekmek beni çok mutlu eder.
3. Çok iyi, fiyatı da uygun. Ben bunu alayım. Teşekkür ederim.
4. Yardım ister misiniz?
5. Peki anladım. Bu model nasıl? Bizim kampanyamız daha dün başladı. Dünden beri bu model %40 indirime girdi.
6. Yeni çıkan modellere bakıyor musunuz?

_____ - _____ - _____ - _____ - _____ - _____

다음 〈보기〉의 단어를 문맥에 맞게 넣어 문장을 완성하고 해석하시오.

보기			
günlerdir	gelmeyeli	verdim vereli	aydan beri

1. Biz ______________ buralar epeyce değişti.

   해석 ______________

2. ______________ evden dışarıya çıkmadın. Artık dışarıya çık biraz hava al.

   해석 ______________

3. Kilo ______________ kendimi daha sağlıklı hissediyorum.

   해석 ______________

4. Geçen ______________ okula gitmedik.

   해석 ______________

Konu

08

Rezervasyon (예약)

Keşke dün rezervasyon yapsaydım.

나는 어제 예약을 했어야 했네요.

핵심 문법 표현

1 **Keşke dün rezervasyon yapsaydım.**
나는 어제 예약을 했어야 했네요.

2 **Sizi biraz erken arasaymışım.**
제가 조금 일찍 전화했었어야만 했네요.

3 **Eğer cumartesi gününe kadar gelmezseniz turunuz otomatik olarak iptal olacak.**
만일 토요일까지 오지 않으신다면 투어는 자동으로 취소됩니다.

Diyalog

인류는 소통하였기에 생존하였다.

8-1

Betül Merhaba. Yaz tatilim için tur rezervasyonu yaptırmak istiyorum. Benim bu yaz tatilinde biraz sakin bir yerde dinlenmeye ihtiyacım var. Ne gibi imkânlarınız var?

Tur firması Merhaba, aradığınız için teşekkür ederiz. Şu anda Karadeniz turumuz kampanyada.

Betül Aaa! Harika. Karadeniz turu hakkında bilgi alabilir miyim?

Tur firması Karadeniz turumuz Ordu, Giresun, Trabzon ve Rize gezilerinden oluşuyor. Ama iki gün içinde karar vermeniz gerekiyor. Karadeniz turuna talep bu yıl çok fazla.

Betül Ücretini öğrenebilir miyim?

Tur firması 1000 lira. Ama bu arama üzerinden hemen rezervasyon yaptırırsanız, %10 indirim yapacağız.

베튈 안녕하세요. 저는 여름 휴가를 위한 여행을 예약하고 싶은데요. 저는 이번 여름에 조금 조용한 곳에서 쉴 필요가 있을 것 같아요. 어떤 곳들이 가능한가요?

여행사 안녕하세요, 전화주셔서 감사합니다. 현재 특가로 진행 중인 흑해 투어가 있습니다.

베튈 아! 좋습니다. 흑해 투어와 관련된 정보를 얻을 수 있을까요?

여행사 저희 흑해 투어는 오르두, 기레순, 트라브존, 리제 지역을 포함하는 여행으로 구성됩니다. 하지만 이틀 내로 결정을 해주셔야 합니다. 올해는 흑해 투어 수요가 매우 높습니다.

베튈 금액을 알 수 있을까요?

여행사 1,000 리라입니다. 하지만 전화상으로 바로 예약하시면 10%를 할인해 드립니다.

SÖZCÜK

tur 명 여행, 투어

sakin 형 조용한, 고요한, 한적한

dinlenme 명 휴식

ihtiyaç 명 필요, 요구

imkân 명 가능성, 기회

kampanya 명 캠페인 운동, 조직적 운동, 유세; (특가) 할인

bilgi 명 정보

gezi 명 관광, 여행

karar 명 결정, 결심

talep 명 수요, 요구, 요청

arama üzerinde 부 전화상으로, 유선상으로

rezervasyon 명 예약

8-1

Betül	Harika. O zaman Karadeniz turu için rezervasyon yaptırayım. Haftaya Çarşamba günü benim için uygun. O zaman için uygun tur var mı?
Tur firması	Maalesef. Kalmadı. Perşembe için yer var ama.
Betül	Keşke sizi biraz erken arasaymışım. Peki, perşembe olsun.
Tur firması	Daha dün yer vardı. Keşke dün arasaydınız. Olsun, isminizi alabilir miyim?
Betül	Adım Betül Yılmaz.
Tur firması	Rezervasyonunuzu yaptım. Cumartesi saat 18:00'e kadar gelip biletinizi alabilirsiniz. Eğer cumartesi gününe kadar gelmezseniz turunuz otomatik olarak iptal olacak.
Betül	Tamamdır. Teşekkür ederim. İyi günler dilerim. Görüşmek üzere.
Tur firması	Görüşmek üzere. Teşekkür ederim.

SÖZCÜK

uygun
형 알맞은, 일치하는, 적합한

otomatik
형 자동(적)으로, 자동의, 기계적인

베튈	좋아요. 그렇다면 흑해 투어를 예약할게요. 다음 주 수요일이 적절할 것 같아요. 그 시간에 가능한 투어가 있나요?
여행사	죄송합니다. 예약이 모두 꽉 찼어요. 하지만 목요일에는 여유 자리가 있습니다.
베튈	제가 조금 일찍 전화했었어야만 했네요. 그렇다면 목요일로 할게요.
여행사	어제까지만 해도 자리가 있었어요. 어제 전화하셨으면 좋았을 텐데. 어쨌든, 성함을 말씀해 주실 수 있으신가요?
베튈	제 이름은 베튈 이을마즈입니다.
여행사	예약했습니다. 토요일 18:00까지 오셔서 티케팅을 하시면 됩니다. 만일 토요일까지 오지 않으신다면 투어는 자동으로 취소됩니다.
베튈	알겠습니다. 감사합니다. 좋은 하루 되세요. 또 뵙겠습니다.
여행사	또 뵙겠습니다. 감사합니다.

1 -sAydI: 가정법의 과거 (Dilek Kipi Hikâyesi)

- -sAydI는 과거의 특정 시점 이전에 발생한 일로서, 사실을 반대로 가정하는 것을 의미하며, 때로는 후회의 뜻을 나타낸다. 가정법어미 -sA에 -DI를 함께 사용한다. 부정사 -mA의 경우 동사의 어간 뒤에 바로 뒤따라 온다. '~(했)었어야 했다 / ~더라면'으로 해석되며, 접속사 keşke(만일, 만약에)와도 함께 사용할 수도 있다.

Dün ben de sinemaya gitseydim.
어제 나도 영화관에 갔어야 했다.

Geçen yıl Türkiye'yi gezseydik, şimdi Covid-19'dan dolayı yurtdışına çıkamıyoruz.
작년에 우리가 튀르키예를 여행했어야 했어. 지금은 Covid 19로 인해 해외에 갈 수가 없다.

Hiç ders çalışamadım. Keşke akşam misafir gelmeseydi.
나는 전혀 공부를 하지 못했다. 만약 저녁에 손님이 오지 않았어야 했다.

- 긍정의문문, 부정의문문의 경우 -DI는 의문어미 mI와 같이 사용하며, 가정법어미 -sA와는 띄어 쓴다. 어떠한 일이 잘된 일인지, 잘못된 일인지를 묻고 확인하는 의미로 사용된다.

Acaba biz de onlarla partiye gitse miydik?
어쩌면 우리도 그들과 함께 파티에 갔어야 했을까?

Yemeğe bu kadar su koymasa mıydım?
내가 음식에 이 정도로 (많이) 물을 넣지 말았어야만 했을까?

Niçin bana kızıyorsun? Doğruları söylemese miydim?
너는 왜 나에게 화를 내니? 내가 진실들을 말하지 않았어야 했을까?

2 -sAymIş: 가정법의 완료 (Dilek Kipi Rivayeti)

- -sAydI의 형태와 비슷하지만, 나와 우리(1인칭 단, 복수)의 과거 완료된 행동에 대한 후회, 타인의 과거 행동에 대한 안타까움 등을 나타낸다. 이러한 발화는 과거의 행동 이후에 나타나게 된 결과와 밀접한 관계가 있다.

Keşke bu evi iki sene önce satsaymışız. Şimdi beş kuruş etmiyor.
만약 우리가 이 집을 2년 전에 팔았더라면. 지금은 5쿠루쉬 정도도 되지 않아.

Bu sınava sen de girseymişsin. Sınav soruları çok kolaymış.
이 시험을 너도 봤더라면. 시험 문제들이 매우 쉬웠다고 해.

Keşke önceki yemeklerden yapsaymış. Yeni yemekler denemiş, hepimiz aç kaldık.
그는 이전에 주로 만들던 음식들을 만들어야 했다. 새로운 음식들을 시도했다고 했는데, 우리들 모두는 (아무것도 먹지 못해) 몹시 배가 고팠다.

aç kalmak
동 배가 고프다, 굶주리다

3 -sA: 조건법 (Koşul Kipi)

- 조건법어미 -sA는 '만약에 ~한다면, ~한 경우에'라는 의미로 사용되며, '만약/만일 ~이라면'이라는 뜻을 가지는 접속사 eğer와 함께 사용 가능하다.

Bir akşam çalışmasan dünya mı yok olur?
네가 하루 저녁을 일하지 않는다고 세상이 없어지기라도 하니?

Eğer kızın olsa adını ne koyarsın?
너는 만일 딸이 생긴다면 이름을 무엇으로 지을 거니?

Güvenlik iyi değil. Şuradan bir hırsız girse kimse duymaz.
보안이 좋지 않다. 저쪽으로 도둑이 든다면 어느 누구도 듣지 못할 것이다.

güvenlik 명 보안

hırsız 명 도둑

- 조건법어미 -sA는 -Ar, -yor, -(y)AcAk과도 함께 사용 가능하다. 이 경우에는 보다 현실적인 조건을 이야기할 때 사용한다.

Param olursa sana yardım ederim.
나에게 돈이 생긴다면 너를 도와줄게.
→ 현재 혹은 미래에 돈이 생긴다는, 일정 근거에 의거한 발화이다.

Param olsa sana yardım ederdim.
나에게 돈이 생긴다면 너를 도와줄게.

→ 현재 혹은 미래에 돈이 생긴다면 이라는 뜻으로, 막연한 조건을 이야기한다.

Yurtdışında okuyacaksan birtakım zorlukları göze almalısın.
네가 만약 유학을 갈 것이라면 일부 어려움들을 감안해야만 한다.

→ 유학을 갈 계획이 있는 경우에 사용된다.

Yurtdışında okusam birtakım zorluluklarla karşılaşabilirim.
내가 만약 유학을 간다면 몇 가지 어려움들과 직면할 수 있다.

→ 유학을 갈 계획이 지금으로서는 없지만, 가게 되는 상황을 가정하여 설명한다.

birtakım 형 일부의, 여럿의

göze almak 동 직면하다, 감안하다

8-2

Dolmuş(Minibüs)

Dolmuşçuluk ilk olarak 1929 yılında İstanbul'da ortaya çıktı. Dolmuş, Türkiye'ye özgü bir toplum taşıma aracıdır. Yaklaşık 90 yıllık bir geçmişi vardır. Bu dolmuş düşüncesi, aynı yöne giden dört kişinin bir taksiye binmesiyle başladı. Cağaloğlu'nda lokanta işleten aşçı Halit, bir gün taksi şöförü ile sohbet etti ve sonra meslek değiştirmeye karar verdi. Halit aşçılığı bırakıp taksicilik yapmaya başladı. Ancak 1929'daki ekonomik krizle birlikte işleri kötüye gitti. Halit'in aklına bir fikir geldi ve aynı yöne giden müşterilere taksi ücretini paylaşmayı teklif etti. Diğer taksiciler de Halit'i takip edince, dolmuşçuluk İstanbul'da hızla yaygınlaştı. Dolmuşçuluğun yaygınlaşmasıyla dört koltuklu arabalar ortadan kalkıp, yedi koltuklu hale getirildi. 1950'lerde İstanbul'un nüfusu hızla artınca, toplu taşıma araçları yetersiz kalmaya başladı ve böylece dolmuş-taksilerin önemi daha da arttı. Bu sayede dolmuş, toplu taşımanın bir ögesi olarak kabul edildi.

돌무쉬(미니버스)

돌무쉬 사업은 1929년 이스탄불에서 처음 등장했다. 돌무쉬는 튀르키예의 고유한 대중교통 수단이다. (돌무쉬는) 약 90년의 역사를 가지고 있다. 이 돌무쉬 아이디어는 같은 방향으로 이동하던 4명이 한 택시를 타며 시작되었다. 자알오을루(지명)에서 식당을 운영하던 요리사 할릿은 어느 날 택시 기사와 이야기를 나누고 이후 직업을 바꾸기로 결심한다. 할릿은 요리사를 그만두고 택시운전사로 일하기 시작했다. 그러나 1929년 경제 위기와 함께 상황은 더욱 나빠졌다. 할릿의 머릿속에 새로운 아이디어가 떠올랐고, 같은 방향으로 가는 손님들에게 택시 요금을 나눠서 지불하도록 제안했다. 다른 택시 기사들도 할릿을 따라하기 시작하며, 돌무쉬 사업은 이스탄불에서 급속도로 확산되었다. 돌무쉬 사업이 보급되면서 4인승 자동차는 (돌무쉬로) 더 이상 사용되지 않게 되었고, 7인승으로 확대되었다. 1950년대에는 이스탄불의 인구가 급증하면서 대중교통 수단이 부족해졌고, 돌무쉬-택시의 중요성 역시 더욱 커졌다. 이로 인해 돌무쉬는 대중교통의 한 요소로 받아들여졌다.

*출처: https://www.sabah.com.tr/yazarlar/cumartesi/sandik/2017/07/01/dolmusculugun-90-yillik-tarihi

SÖZCÜK

dolmuşçuluk 명 돌무쉬 사업, 미니버스 사업
ortaya çıkmak 동 나타나다, 탄생하다
özgü 형 고유한, 독특한
toplum taşıma 명 교통수단, 대중교통
araç 명 수단
yaklaşık 형 대략의, 대강의, 약
geçmiş 명 과거, 역사
düşünce 명 생각, 아이디어
sohbet etmek 동 잡담하다, 이야기 나누다
+ I değiştirmek 동 ~을 바꾸다, 변경하다
+ A karar vermek 동 결심하다, 마음먹다
ekonomik krizi 명 경제 위기, 경제난
fikir 명 생각, 아이디어
müşteri 명 손님
+ I paylaşmak 동 ~을 나누다, 분배하다
teklif etmek 동 제시하다, 제안하다
takip etmek 동 따라하다, 따르다
yaygınlaşmak 동 퍼지다, 확산되다
hale getirilmek 동 상황에 놓이다
nüfus 명 인구
+ I artırmak 동 증가하게 되다, 확대되다
yetersiz 형 부족한, 능력이 못 미치는
önem 명 중요, 중대, 중요성, 중대성
öge 명 요소, 성분, 분자
kabul edilmek 동 받아들여지다

Konu ile ilgili Sözcükler

예약

□	öğrenci indirimi	명 학생 할인
□	pencere kenarı	명 창가 좌석
□	ön koltuk	명 앞좌석
□	arka koltuk	명 뒷좌석
□	koltuk numarası	명 좌석 번호
□	kalkış saati	명 출발 시간
□	varış saati	명 도착 시간
□	yolculuk süresi	명 여행 시간
□	irtibat telefonu	명 연락처, 전화번호
□	alternatif telefon	명 대체 전화번호
□	kaza yapmak	동 사고를 내다
□	+ A çarpmak	동 ~에 충돌하다
□	park etmek	동 주차하다
□	+ I sürmek	동 (차 등 운송수단을) 몰다, 운전하다

1 -sAydI 형태를 사용하여 다음 문장을 완성하시오.

❶ Keşke bu otobüse bin__________ havasızlıktan öleceğim! (부정문)

❷ Yanımızda cep telefonu ol__________, şimdi onu arardık.

❸ Keşke seni yıllar önce tanı__________. (1인칭 단수: ben)

2 다음 튀르키예어 문장을 번역하시오.

❶ Ben senin yerinde olsam bu evden hemen çıkarım.

→ ______________________________

❷ Siz olsanız bu eski arabaya bu kadar para verir misiniz?

→ ______________________________

❸ Biz, senin yerinde olsak Türkiye'ye gidip Türkçe öğreniriz.

→ ______________________________

Dinleme

8-3

1 다음을 대화를 듣고 빈칸을 채우시오.

Mehmet Yemek çok tuzluydu. Biraz su koydum.

Ayşe Su mu kattın?

Mehmet Evet, sen ❶ ______________ ne ❷ ______________ ?

Ayşe ❸ ____ . İçine patates koyarım, sonra o patatesi çıkarıp atardım. Çünkü patates yemeğin fazla tuzunu alır.

2 대화를 다시 듣고, 참인 경우 D(Doğru), 거짓인 경우 Y(Yanlış)로 표시하시오.

❶ Ayşe yemeğine su katmasını istedi. → __________

❷ Patates yemekteki tuzu emer. → __________

katmak 동 첨가하다, 함유하다, 추가하다

+ I emmek 동 흡수하다, 빨다

다음 질문을 읽고, 자유롭게 답하시오.

1. Şehirler arası ulaşım hangi araçlarla yapılır?

→ ____________________

2. Şehir içi ulaşımda daha çok hangi araçlar kullanılır?

→ ____________________

3. En ucuz ulaşım aracı hangisidir?

→ ____________________

4. Kore'de insanlar trafik kurallarına uyuyor mu?

→ ____________________

Yazma

1 다음 관용어구를 뜻에 맞게 연결하시오.

❶ yolcu etmek •	• işini yürütürken yardımından yararlandığı kişi ya da şeyden yoksun kalarak iş yapamaz duruma düşmek
❷ yaya kalmak •	• yola gidecek kimseyi uğurlamak

2 다음 빈칸에 알맞은 관용어구를 넣어 문장을 완성하시오.

❶ Evden erken çıktım ama otobüsü kaçırdım. Sonraki otobüs ise 30 dakika sonra gelecek. Okula geç kaldım. ______________ .

❷ Kardeşimi ______________ için havalimanına gittik.

Konu 09

Spor (스포츠)

Spor yapmaya küçük yaşlarda başlayıp bu alışkanlığımı bugüne kadar sürdürebildim.

나는 어렸을 때부터 운동을 시작해서, 이런 습관들을 아직도 이어 나갈 수 있었어.

핵심 문법 표현

1

Spor yapmaya küçük yaşlarda başlayıp bu alışkanlığımı bugüne kadar sürdürebildim.

나는 어렸을 때부터 운동을 시작해서, 이런 습관들을 아직도 이어 나갈 수 있었어.

Diyalog

9-1

Jina Boş zamanlarını nasıl değerlendiriyorsun?

Kemal Boş zamanlarımı spor yaparak, gazetelerdeki spor haberlerini okuyarak geçiririm.

Jina Sen demek ki spor ile ilgili şeylerden hoşlanıyorsun.

Kemal Aynen öyle. Spor yapmaya küçük yaşlarda başlayıp bu alışkanlığımı bugüne kadar sürdürebildim.

Jina Peki sence spor yapmanın faydaları nelerdir?

Kemal Öncellikle kendimizi iyi hissetmemizi sağlar ve olumlu alışkanlıklar kazandırır. Birden fazla kişiyle yapılan sporlar dostluğumuzu da güçlendirir. Bedensel ve ruhsal açıdan spor çok faydalı diyebiliriz.

Jina Peki insanlar spor yapmaya ne zaman başladı? Biliyor musun?

Kemal Spor, insanlık tarihinin ilk dönemlerine kadar uzanıyor. Tabii tüm medeniyetlerde sporun yeri büyüktür. Fransa'da bulunan MÖ 3000'den kalma duvar resimleri bize spor konusunda bilgi veriyor. Ancak modern anlamda sporun başlangıcı olarak tabii ki Eski Yunan'daki olimpiyatlar kabul edilir.

Jina Türkiye'de en popüler spor hangisidir?

Kemal Bizde en popüler spor futboldur. Sizde?

Jina Bizimkiler beyzbol sever.

SÖZCÜK

+ DAn hoşlanmak 동 ~에 흥미를 가지다, 관심을 가지다

alışkanlık 명 습관

sürdürmek 동 이어가다, 유지하다

fayda 명 이점, 장점

sağlamak 동 제공하다, 보장하다, 확보하다

dostluk 명 우정, 우의, 친목, 친선

bedensel 형 육체적인

ruhsal 형 정신적인, 영적인

medeniyet 명 문명

duvar resmi 명 벽화

başlangıç 명 시작, 시초, 발단, 초기, 기원

olimpiyat 명 올림픽(대회)

지나 한가할 때 너는 어떻게 시간을 보내니?

케말 한가할 때 나는 운동을 하거나, 신문에서 스포츠 관련 뉴스를 읽어.

지나 너는 그러니까 운동에 관련된 것들에 관심을 많이 가지는구나.

케말 맞아. 어렸을 때부터 운동을 시작해서, 이런 습관들을 아직도 이어 나갈 수 있었어.

지나 그럼 너는 운동의 장점이 뭐라고 생각하니?

케말 우선 기분이 좋아지고 긍정적인 습관을 가지게 돼. 한 명 이상이 하는 운동의 경우 우정도 돈독하게 해줘. 육체적으로나 정신적으로나 스포츠는 매우 유익하다고 말할 수 있지.

지나 그럼 사람들은 언제부터 운동을 하기 시작했을까? 넌 알고 있니?

케말 스포츠는 인류 역사 초기로 거슬러 올라가. 물론 스포츠는 모든 문명에서 중요한 역할을 차지하지. 프랑스에서 발견된 기원전 3000년 전에 남겨진 벽화는 우리들에게 스포츠에 대한 정보를 제공해주고 있어. 하지만 근대적 의미에서 스포츠의 시작은 당연히 고대 그리스 올림픽으로 받아들여지지.

지나 튀르키예에서 가장 인기 있는 스포츠는 무엇이니?

케말 우리에게 가장 인기 있는 스포츠는 축구야. 너희는 어때?

지나 우리나라 사람들은 야구를 좋아해.

1 -(I)t-/-DIr-/-Ar-/-Ir-: 사역태 (Ettirgen Çatı)

- 튀르키예어에서는 동사의 어간에 사역태 접사를 덧붙여 '~게 하다, ~도록 시키다'라는 의미를 나타낸다.

- 동사의 어간이 모음으로 끝나는 경우, 접사 -t-를 사용한다.

bekle-t-	Bizi burada bir saat beklettin. 너는 우리를 여기서 한 시간 동안 기다리게 했다.
hazırla-t-	Toplantı için tüm davetiyeleri hazırlattı. 회의를 위해 모든 초대장을 준비시켰다.

- 동사의 어간이 모음으로 끝나는 1음절 동사에는 -DIr-를 사용한다.

ye-dir-	Çocuklara çok şeker yedirme! 아이들에게 너무 많은 사탕을 먹이지 마!
de-dir-	Öğretmeni o kadar kızdırdı ki, sonunda "Sus" dedirdi. (그들은) 선생님을 매우 화나게 했고, 결국 "조용히 해!"라고 말하게 했다.

- 동사의 어간이 자음으로 끝나는 경우 접사 -DIr-를 사용한다.

düşün-dür	Emin değilim ama bu beni düşündürdü. 확실하지는 않다고 하지만 이것은 나를 생각하게 만들었다.
yaz-dır-	Müdür, sekretere anlaşma metnini yazdırdı. 대표는 비서에게 계약 내용을 적게 했다.

- 동사의 어간이 자음으로 끝나지만, 다음 동사는 예외적으로 접사 -Ir- 또는 -Ar-를 사용한다.

iç-ir-	Ben sana ona şarap içir demedim ki. 나는 너한테 그에게 와인을 마시게 하라고 말한 적이 없는데!
kop-ar-	İplerinden birini kopardım. 실들 중에서 한 개를 뽑았다.

TIP
사역태 접사 -(I)t-와 -DIr-가 함께 사용된 경우, 126쪽 사역태 의미 설명을 참조하기 바란다.

- 동사의 마지막 음절이 /rk/, /k/로 끝나는 경우 접사 -It-를 사용한다.

kork-ut- Bir an nefes alamaması hepimizi korkuttu.
그가 잠시 숨을 쉬지 않음은 우리 모두를 놀라게 했다.

ak-ıt- Suyu önce akıt, soğuk olsun.
먼저 물을 흘려보내, 차가워질 수 있도록.

- 2개 이상의 음절로 구성되어 있는 동사 중 마지막 음절이 /al/, /ar/, /ıl/, /ır/로 끝나는 경우 접사 -t-를 사용한다.

kısal-t- Müdür benim yazımı kısaltıyor.
대표는 나의 문장을 짧게 줄이도록 시켰다.

sarar-t- Güneş ışığını fazla gelmesi de çimleri sarartır.
많은 일조량도 잔디를 노랗게 만든다.

- 1개의 음절로 구성된 동사 혹은 마지막 음절이 자음으로 끝나는 타동사에는 일반적으로 접사 -DIr-를 사용한다.

al-dır- Kardeşim babama yeni bir elbise aldırdı.
나의 동생은 아버지에게 새로운 옷을 사도록 했다.

çek-tir- Polis, arabasını park ettiği yerden çektirdi.
경찰은 차를 주차된 곳에서 끌어냈다.

- 1개의 음절 또는 자음으로 끝나는 자동사 어간 뒤에는 일반적으로 접사 -Ir- 또는 -Ar-를 사용한다.

çık-ar- Sevgilim kutuyu açıp hediyeyi çıkardı.
내 애인은 상자를 열어 선물을 꺼냈다.

bit-ir- Lütfen cümlelerinizi bitirin!
제발! 당신의 문장(현재 하고 있는 말 또는 대화)들을 끝내세요!

- 일부 자동사에 접사 -DIr-를 사용하기도 한다.

koş-tur- Hocam tüm öğrencileri 10 dakika koşturdu.
나의 선생님은 모든 학생들에게 10분 동안 뛰게 시켰다.

dur-dur- Trafik polisi ambulans geçerken tüm araçları durdurdu.
교통 경찰은 구급차가 지나갈 때 모든 차량을 정지시켰다.

- **자동사에서의 사역태**: 자동사의 경우, 동사의 어간 뒤에 최대 3개의 사역태 접사가 결합될 수 있다. 자동사에서 타동사로 파생된 경우, 자동사의 주체에 목적격어미(+(n)I)가 첨가된다.

piş- Yemek pişti.
음식이 익었다.

① Annem yemek piş-ir-di.
엄마는 (익혀서) 음식을 만들었다.

② Annem aşçıya yemek piş-ir-t-ti.
엄마는 요리사에게 음식을 만들게 시켰다. (명령, 요구)

③ Annem bana aşçıya yemek piş-ir-t-tir-di.
엄마는 내가 요리사에게 음식을 만드는 것을 부탁하도록 했다.
(더 강한 의미의 요구 혹은 명령, 타인에게 하는 요구나 명령)

- **타동사에서의 사역태**: 타동사의 경우, 동사의 어간 뒤에 최대 2개의 사역태 접사가 결합될 수 있다. 이때 행동을 하는 주체에는 방향격어미(+A)가 수반된다.

oku- Dedem, gazete okuyor.
할아버지는 신문을 읽는다.

① Dedem, bana gazete oku-t-uyor.
할아버지는 나에게 신문을 읽게 한다. (명령, 요구)

② Dedem, bana gazete oku-t-tur-uyor.
할아버지는 내가 신문을 읽을 수밖에 없도록 만들었다.
(더 강한 의미의 요구 혹은 명령, 타인에게 하는 요구나 명령)

- 튀르키예어의 사역태는 문장의 주어가 다른 사람이 어떠한 행동을 하기를 원할 때, 명령의 의미를 내포하기도 하며, '~게 하다, ~도록 시키다'라는 의미를 가진다.

Ben öğrencilere "Kompozisyon yazın" dedim.
나는 학생들에게 "작문을 하세요"라고 말했다.

→ Ben öğrencilere kompozisyon yazdırdım.
나는 학생들에게 작문을 하도록 시켰다.

Öğretmen, bize "Hikâyeyi okuyun" dedi.
선생님은 우리에게 "이야기를 읽으세요"라고 말했다.

→ Öğretmen bize hikâyeyi okuttu.
선생님은 우리들에게 이야기를 읽게 했다.

TIP
왼쪽 예문의 yemek과 gazete가 특정한 음식 혹은 신문을 지칭하는 경우 목적격어미와 함께 사용 가능하다.

- 주어가 어떤 행동의 원인이 될 때, 사역태 접사를 사용한다. 이때 주어는 사람이 아닌 사물, 혹은 특정 동작이 된다.

Akşam yemeğinde yediğim tatlı dişimi ağrıttı.
내가 저녁에 먹은 단 것이 나의 이를 아프게 했다.

→ Dişim ağrıdı, sebep tatlı. Tatlı ağrıttı.
나의 이가 아팠다, 이유는 달기 때문이다. 단 것이 아프게 만들었다.

Bu film bizi güldürdü.
이 영화는 우리를 웃게 만들었다.

→ Biz güldük, sebep film. Film güldürdü.
우리는 웃었다, 그 이유는 영화이다. 영화가 웃게 만들었다.

Arkadaşım gizlice içeri girip beni korkuttu.
나의 친구는 몰래 들어와서 나를 겁주었다.

→ Ben korktum, sebep arkadaşım. Arkadaşım korkuttu.
나는 겁먹었다, 이유는 나의 친구 때문이다. 친구가 겁을 주었다.

- 행동 주체가 어떠한 행동을 실현하는 데 있어 주어가 도움을 주는 경우, 사역태 접사를 사용할 수 있다.

Her akşam yaklaşık bir saat oğluma ders çalıştırıyorum.
나는 매일 저녁 대략 한 시간 동안 아들을 공부시킨다.

→ Oğlum ders çalışıyor. Ben ona yardım ediyorum. Ben çalıştırıyorum.
아들은 공부한다. 나는 그를 돕는다. 내가 공부를 시킨다.

Hemşire, hastaya çorba içiriyor.
간호사가 환자에게 수프를 마시게 하고 있다.

→ Hasta çorba içiyor. Hemşire ona yardım ediyor. Hemşire içiriyor.
환자가 수프를 마신다. 간호사는 그를 돕는다. 간호사가 마시게 한다.

9-2

2002 FIFA Dünya Kupası

FIFA Dünya Kupası, 31 Mayıs-30 Haziran 2002 tarihleri arasında Güney Kore ve Japonya'da gerçekleştirildi.

Koreliler kırmızı tişörtler giydiler ve "Kırmızı Şeytanlar" diyerek tezahürat yaptılar. Kırmızı şeytan şarkısı halka yayıldıkça, yeni bir sokak kültürü oluştu. Gece yarısına kadar sokakları dolduran kalabalığın coşkulu tezahüratları tüm dünyayı etkisi altında aldı.

Bu turnuvada beklenmedik çok şey oldu. Özellikle Güney Kore'nin çeyrek finallere ulaşması herkesi şaşırtmıştı. Bu Dünya Kupası sayesinde dünya, Güney Kore'nin başka bir yönünü görebildi. Üçüncülük maçı, Güney Kore ile Türkiye arasında oynandı. Maçın ardından Güney Koreliler, tribünde dev bir Türk bayrağı açarak Türk Millî Takımı'nı destekledi. Bütün dünya milletleri maçtaki bu güzelliği ilgiyle izledi. Maç, Türkiye'nin 3-2'lik üstünlüğüyle sonuçlandı.

2002년 FIFA 월드컵

FIFA 월드컵은 2002년 5월 31일부터 6월 30일까지 한국과 일본에서 개최되었다.

한국인들은 빨간 티셔츠를 입고 '붉은 악마'를 외치며 응원을 했다. 붉은 악마 응원가가 대중에게 퍼져 나가면서, 새로운 거리(응원) 문화가 형성되었다. 한밤중까지 거리를 가득 메운 군중의 열광적인 함성은 전 세계를 뒤흔들었다.

이번 대회에서는 예상치 못한 일들이 많았다. 특히 한국이 8강에 진출한 것은 모두를 놀라게 했다. 이번 월드컵 덕분에 세계는 한국의 또 다른 면을 볼 수 있었다. 3위 결정전은 한국과 튀르키예 사이에 치러졌다. 경기 이후 한국인들은 관중석에 거대한 튀르키예 국기를 펼쳐 튀르키예 대표팀을 응원했다. 전 세계는 경기의 이 아름다운 광경을 관심 있게 지켜보았다. 경기는 튀르키예의 3-2 우위로 끝났다.

SÖZCÜK

- **dünya kupası** 명 월드컵
- **gerçekleştirmek** 동 개최되다
- **şeytan** 명 악마
- **tezahürat** 명 응원
- **tezahürat şarkısı** 명 응원가
- **halk** 명 민중, 군중
- **oluşmak** 동 구성되다, 이루다
- **kalabalık** 형 가득 찬, 복잡한, 꽉 찬
- **coşku** 명 열광, 감격, 흥분, 열중
- **beklenmedik şey** 명 예상치 못한 일
- **çeyrek final** 명 8강
- **+ A ulaşmak** 동 도달하다, 진출하다, 도착하다
- **şaşırtmak** 동 놀라게 하다
- **yön** 명 면
- **maç** 명 경기
- **tribün** 명 관중석
- **dev** 형 거대한, 커다란
- **bayrak** 명 국기
- **millî takım** 명 국가대표, 대표팀
- **üstünlük** 명 승리, 우월, 우위

*출처: https://tr.korean-culture.org/tr/158/korea/56

Konu ile ilgili Sözcükler

스포츠

□	salon sporu	명 실내 스포츠
□	basketbol	명 농구
□	voleybol	명 배구
□	tekvando	명 태권도
□	güreş	명 레슬링, 씨름
□	boks	명 권투
□	açık hava sporu	명 야외 스포츠
□	maraton	명 마라톤
□	koşu	명 달리기
□	binicilik	명 승마
□	su sporu	명 수상 스포츠
□	su topu	명 수구
□	yüzme	명 수영
□	kürek	명 조정
□	rekabetçi sporlar	명 경쟁 스포츠
□	kayak	명 스키
□	at yarışı	명 경마

1 다음 예시와 같이 단어를 이용하여, 해석에 맞게 문장을 완성하시오.

예시	çalış-	Ben kardeşime matematik çalıştırıyorum. (나는 내 동생에게 수학을 공부시켰다(가르쳤다.))

❶ sevin- Ona bir hediye alarak ________________ istiyorum.
(나는 그에게 선물을 사서 (그를) 행복하게 만들고 싶었다.)

❷ ye- Çocuklara çok fazla şeker ________________!
(아이들에게 너무 많은 사탕을 먹이지 마!)

❸ gül- Bazen şaka yaparak öğrencilerimi ________________.
(나는 가끔 농담하며 나의 학생들을 웃게 만든다.)

❹ bekle- Bizi çok ________________. Randevumuz saat üçteydi.
(그는 우리를 너무 오래 기다리게 했다. 약속은 3시였다.)

❺ kop- Kızım bahçedeki gülleri ________________.
(내 딸은 정원에서 장미들을 뽑았다.)

2 다음 문장이 어떤 의미로 사용되었는지 고르시오.

❶ Ali'nin fıkrası, hepimizi dakikalarca güldürdü.
① sebep olmak ② yardım etmek ③ emir vermek

❷ Annesi bebeğe mamasını yedirdi.
① sebep olmak ② yardım etmek ③ emir vermek

❸ Öğretmen öğrencilere kompozisyon yazdırdı.
① sebep olmak ② yardım etmek ③ emir vermek

❹ Aşırı hız ve alkol ona kaza yaptırdı.
① sebep olmak ② yardım etmek ③ emir vermek

❺ Emine, iki yaşındaki kızının elinden tutarak alfabedeki bütün harfleri yazdırdı.
① sebep olmak ② yardım etmek ③ emir vermek

9-3

1 다음 대화를 듣고 빈칸을 채우시오.

Meltem	Ömer Turan kim?
Hakan	O bir güreşçi. Ömer Turan başarılı hareketleriyle teknik direktör Murat Yılmaz'ın ❶ ______________.
Meltem	Öyle mi? Bu yıl olimpiyatta altın madalya kazandı. Ama daha önce onu tanımıyordum.
Hakan	Evet. Spor ile ❷ ______________ adını duymamışsındır. Onun bir anda ❸ ______________. Ünlü bir güreşçi oldu.

güreşçi 명 레슬링 선수
hareket 명 동작
direktör 명 감독
altın madalya 명 금메달
kazanmak 동 얻다, 따다, 이기다

2 대화를 다시 듣고, 다음 단어의 뜻을 알맞게 연결하시오.

❶ yıldızı parlamak •　　　• ünlü olmak, şansı açılmak

❷ gözüne girmek •　　　• çalışkanlığı ve olumlu davranışlarıyla karşısındakinin güvenini kazanmak

다음 질문을 읽고, 간단하게 답하시오.

1. Futbol oynar mısınız?
   ① Ne sıklıkla? ____________________
   ② Ne zaman? ____________________
   ③ Nerede? ____________________

2. Formunuzu korumak ve vücudunuzu zinde tutmak için düzenli spor yapar mısınız?
   ① Ne sıklıkla? ____________________
   ② Ne zaman? ____________________
   ③ Ne tür? ____________________

3. Yürüyüş yapar mısınız?
   ① Ne sıklıkla? ____________________
   ② Ne zaman? ____________________
   ③ Nerede yürürsünüz? ____________________

Yazma

쓰기는 의식을 재구조화한다.

다음 단어를 보고 문맥에 맞게 빈칸을 채우시오.

보기

Olimpiyat birincilik sağlıklı güreşçi

❶ Ünlü atlet koşuyu ______________ ile bitirmiş.

❷ ______________ oyunları dört yılda bir düzenlenir.

❸ İki ______________ tam bir saat güreşti.

❹ Spor yapan insan ______________ olur.

Konu

10

Doğal Afetler (자연재해)

Türkiye iki büyük depremle sarsıldı.

퇴르키예는 두 번의 큰 지진으로 흔들렸다.

핵심 문법 표현

1

Türkiye iki büyük depremle sarsıldı.

퇴르키예는 두 번의 큰 지진으로 흔들렸다.

Diyalog

10-1

Minhyeok Geçen coğrafya dersinde öğrendim. Türkiye depremselliği yüksek olan bir bölge diyorlar.

Cansu Aynen öyle. Bu bölge sadece günümüzde değil, milyonlarca yıldır sürekli depremlerle sarsılıyor. 1500'lü yıllardan günümüze dek belli aralıklarla 7 ve üstü büyüklükte tam 23 deprem yaşadık.

Minhyeok Gerçekten depremler açısından oldukça aktif bir ülkeymiş. Sen hiç deprem yaşadın mı?

Cansu Herhalde 1999 yılının ağustos ayıydı. Gece saat 1'i geçmiş olmalıydı. Uzaklardan acayip bir gürültü geldi. Sonra da büyük bir sarsıntı geldi. Evimiz yıkılmıştı. Her şey sarsılıyordu. Deprem olmuştu. Eşyalar yerle bir olmuştu. Her yer darmadağınıktı. Zar zor ailemle dışarıya çıktık. Manzara korkunçtu. Mahalledeki apartmanlar hep çökmüştü. Dehşet içinde etrafımıza bakındık. Her taraf karanlıktı. Sabah, o acı gerçeği öğrendik. Bu deprem 8 şiddetindeydi. Binden fazla insan ölmüştü. Bizim bir kapı komşumuz vardı. Onların 7 yaşındaki çocuğu evden çıkamadı, sonra da ölü olarak bulundu. Ben hala o günü kâbuslarımda görüyorum.

민혁 지난 지리시간에 배웠어. 튀르키예는 지진이 심한 지역이라고 하네.

잔수 맞아. 오늘날 뿐만 아니라 수백만 년 동안 지속적으로 지진으로 흔들리고 있어. 1500년대 이후 우리는 일정한 간격으로 규모 7 혹은 그 이상의 지진을 총 23번 경험했어.

민혁 정말로 지진이 매우 활발하게 일어나는 나라구나. 너는 지진을 경험한 적이 있니?

잔수 아마 1999년 8월이었을 거야. 밤 1시가 지났을 거야. 멀리서 이상한 소음이 들렸어. 그러고 나서 매우 큰 흔들림이 있었어. 우리 집은 무너졌어. 모든 물건들이 흔들리고 있었어. 지진이 난 거였어. 모두 다 파괴됐어. 모든 곳이 어수선했어. 나는 겨우겨우 가족들과 함께 밖으로 나왔어. 그 풍경은 몹시 무서웠지. 마을의 아파트들이 모두 무너져있었어. 공포에 질린 얼굴로 주변을 바라봤어. 주위는 온통 어두웠어. 아침에 우리는 그 슬픈 진실을 알게 됐어. 이곳에서 규모 8의 지진이 일어났어. 천 명이 넘는 사람들이 사망했대. 우리 옆집의 이웃이 있었어. 그들의 7살 난 아이는 집을 나오지 못해서 이후 숨진 채 발견됐어. 나는 아직도 그날을 꿈에서 악몽으로 보고 있어.

SÖZCÜK

coğrafya 명 지리
depremsellik 명 지진 강도
bölge 명 지역, 구역
milyonlarca 형 수백만의
sürekli 형 지속적으로, 계속해서
sarsılmak 동 떨리다, 흔들리다
belli aralıklarla 부 일정 간격으로
büyüklük 명 크기
aktif 형 활동적인, 활발한
herhalde 부 어쩌면
acayip 형 이상한, 괴상한, 묘한
gürültü 명 소음, 소란
sarsıntı 명 흔들림, 지진
yıkılmak 동 부서지다, 무너지다, 파손되다
darmadağınık 형 몹시 어수선한
zar zor 부 겨우겨우, 몹시 어렵게
manzara 명 풍경, 장면
çökmek 동 무너지다, 붕괴하다, 가라앉다, 덮다
dehşet 명 공포, 무서움, 외경
karanlık 명 어둠, 암흑
kâbus 명 악몽

1 -Il-, -(I)n-: 수동태 (Edilgen Çatı)

- 튀르키예어의 수동태접사는 동사 어간의 형태에 따라 -n-, -In-, -Il- 3가지로 나눌 수 있다.

동사의 어간이 모음으로 끝나는 경우, -n-를 사용한다.

oku-n- Evdeki tüm kitaplar okundu.
집에 있는 모든 책들은 (누군가에 의해) 읽혀졌다.

yakala-n- Hırsız iki gün önce yakalanmış.
도둑은 이틀 전에 (누군가에 의해) 잡혔다고 한다.

동사의 어간이 -l-로 끝나는 경우, 수동태접사 -In-를 사용한다.

al-ın- Piknik için her şey alındı.
소풍을 위한 모든 것이 챙겨졌다.

çal-ın- Arabamdaki çantam dün akşam çalındı.
내 차에 있던 가방이 어제 저녁 도난당했다.

그 외 동사의 어간 뒤에는 -ıl-를 사용한다.

aç-ıl- Bayramda birçok büyük market açıldı.
바이람(명절)에는 대부분의 대형마트가 문을 열었다.

yaz-ıl- Bir dönemin hikayesi Kızıl Saray'da yazıldı.
한 시대의 이야기는 크즐 궁전에서 쓰여졌다.

- 수동태는 어떠한 일(행동)을 누가 했는지 알지 못하며 행위 혹은 상태(결과물)만 존재하는 경우에 사용한다.

Aaa! Cam kırılmış!
아! 창문이 깨졌네!
→ 누가 창문을 깼는지 알 수 없으며, 창문은 깨진 상태로 남아있다.

Ali dün gece evinde öldürüldü.
알리는 어제 밤에 그의 집에서 살해당했다.
→ 알리를 누가 죽였는지 알 수 없으며, 알리는 죽은 채로 발견되었다.

yakalamak 동 잡다, 붙잡다, 붙들다, 체포하다

dönem 명 시대

- 문장에서 주어가 분명한 상태, 즉 누가 행동했는지는 알고 있지만 행동의 주체보다 행동 자체가 더 중요할 때 수동태 구문을 사용한다. 동작의 행위자를 강조하고 싶은 경우 후치사 tarafından이나 접사 +CA를 사용하여 '~에 의해서'라는 의미를 추가할 수 있다.

Konya'da metro çalışmalarına devam ediliyor.
콘야에서 지하철 공사는 계속 되어지고 있다.

→ Konya'da belediye tarafından yapılan metro çalışmaları devam ediliyor.

→ Konya'da belediyece yapılan metro çalışmaları devam ediliyor.
콘야에서 시청에 의하여 진행되어지는(공사를 시키는 주체: 시청) 지하철 공사는 계속 되어지고 있다.

- 일반적인 규율, 규칙에 사용할 수 있다.

Buraya park edilmez!
이곳에 주차를 하지 마세요!

Sigara içilmez!
담배를 피우지 마세요!

Yüksek sesle konuşulmaz!
큰 소리로 말하지 마십시오!

- 능동 형태 문장의 목적어는 수동태 문장에서 주어가 된다. 때문에 수동태 문장 내에 목적어는 존재할 수 없다. 목적격어미 +I 역시 사용이 불가하다.

Ahmet hikâyeyi anlattı. 아흐멧이 이야기를 설명했다.	→	Hikâye anlatıldı. 이야기는 설명되어졌다.
Çocuklar kediyi çok seviyor. 아이들은 고양이를 무척 좋아한다.	→	Kedi çok seviliyor. 고양이는 매우 사랑받고 있다.

- 명령 혹은 필수법이 수동태 문장으로 사용되는 경우, 수동태접사는 3인칭 형태로 나타난다.

Sizin orta ve arka kapıdan inmeniz gerekiyor.
당신들은 중앙 혹은 뒷문으로 내려야만 합니다.

→ Orta ve arka kapıdan inilmesi gerekiyor.
중앙 혹은 뒷문으로 내려져야만 한다.

10-2

Depremler ve Hayvanlar

Tüm büyük depremlerde hayvanlar depremi depremden birkaç gün önce hissederler. Psikoloji Uzmanı Prof. Dr. Tamer Dodukra, 17 Ağustos depremiyle ilgili çalışmasında depremden önce gerçekleşen ve neredeyse yarısı hayvanlarla ilgili olan birçok sıradışı olaydan bahsetmiştir.

Örneğin köpekler, düşük frekanslı sesler, yer titreşimleri, sismik dalgalar ve depremden önce atmosfere salınan çeşitli gazların kokusu gibi depremlerle ilişkili doğa olaylarını insanlardan daha gelişmiş duyu organları ile algılayabilirler. Bu nedenle depremden önce veya deprem sırasında yerin altındaki hareketleri fark edebilirler. Suda yaşayan hayvanlar da sudaki kimyasal değişikliklere karşı hassastır. Böylece deprem meydana gelmeden önceki değişiklikleri kolayca tespit edebilirler.

SÖZCÜK

- **psikoloji** 명 심리학
- **çalışma** 명 연구
- **sıradışı** 형 이례적인
- **düşük frekanslı sesler** 명 저주파 소리
- **yer titreşimleri** 명 지면 진동
- **sismik dalgalar** 명 지진 파동
- **doğa** 명 자연
- **gelişmiş duyu organları** 명 발달된 감각 기관
- **kimyasal** 형 화학적인
- **değişiklik** 명 변화
- **hassas** 동 민감하다
- **kolayca** 부 쉽게

지진과 동물들

큰 지진들 모두에서 동물들은 지진이 발생하기 며칠 전부터 지진을 느낀다. 심리학 전문가인 타메르 도두크라 박사는 8월 17일 지진에 대한 연구에서 지진 이전에 발생한 그리고 절반 이상이 동물과 관련된 몇 가지 이례적인 사건들에 대하여 언급했다.

예를 들어 개들은 저주파 소리, 지면 진동, 지진 파동, 지진 이전에 대기 중으로 방출되는 다양한 가스 냄새와 같이 지진과 관련된 자연 현상들을 인간보다 더 발달된 감각 기관들로 감지할 수 있다. 따라서 지진이 일어나기 전 또는 지진이 일어나는 도중에 지면 아래의 움직임들을 알아차릴 수 있다. 수생 동물들 역시 물속의 화학적 변화들에 매우 민감하다. 이렇듯 그들은 지진이 발생하기 전 변화들을 쉽게 감지할 수 있다.

*출처: https://www.hurriyet.com.tr/aile/hayvanlar-depremi-onceden-hissedebiliyor-mu-429706

Konu ile ilgili Sözcükler

자연재해

☐	çığ	명 눈사태
☐	heyelan	명 산사태
☐	deprem	명 지진
☐	düden	명 돌리네, 싱크홀
☐	volkanik patlama	명 화산 폭발
☐	toz fırtınası	명 먼지 폭풍
☐	hidrolojik afet	명 수재
☐	sel	명 호우
☐	tsunami	명 쓰나미
☐	meteorolojik afetler	명 기상 재해
☐	tropikal siklon	명 열대 저기압
☐	kar fırtınası	명 눈보라, 폭풍설, 블리자드
☐	dolu fırtınaları	명 우박
☐	buz fırtınaları	명 얼음 폭풍
☐	soğuk dalgalar	명 한파
☐	ısı dalgaları	명 폭염
☐	kuraklık	명 가뭄, 건조함

다음 문장을 수동태접사를 사용하여 바꾸시오.

1. Dünkü partiye gitmedik.

→ ______________________________

2. Dedem evi sattı.

→ ______________________________

3. Yatmadan önce dişlerimizi fırçalamamız gerekiyor.

→ ______________________________

4. Kızım köpekleri çok seviyor.

→ ______________________________

5. İki gün sonra evi temizleyeceğim.

→ ______________________________

10-3

1 다음 대화를 듣고 빈칸을 채우시오.

Ali	Sizin oralarda hangi doğal afetler ❶ ____________________?
Deniz	Bizde sel var. Daha geçen sene sel faciası ❷ ____________________. Birçok ev ve iş yerini su bastı.
Ali	Herhangi bir can kaybı yaşadınız mı?
Deniz	Çok şükür! Herhangi bir can kaybı ❸ ____________________. Ama mahallede yaklaşık 20 evde maddi hasar oluştu.

2 대화를 다시 듣고, 참인 경우 **D(Doğru)**, 거짓인 경우 **Y(Yanlış)**로 표시하시오.

❶ Ali'nin mahallesini geçen sene sel bastı. → __________

❷ Geçen seneki selden dolayı birçok insan hayatını kaybetti. → __________

다음 문장에 알맞은 단어를 골라 문장을 완성하고, 해석하시오.

1. Bütün para bankaya (yatırıldı / yatırdım).

   해석 ______________________________

2. Tüm kitaplar misafirlere dağıtılmak üzere kutudan (çıkardık / çıkarıldı).

   해석 ______________________________

3. Geçen hafta selden dolayı yollar (kapattırdı / kapatıldı).

   해석 ______________________________

4. Çocuğa annesi yemek (yedirdi / yedirildi).

   해석 ______________________________

1 다음 관용어구를 뜻에 맞게 연결하시오.

❶ felaket yağmak •	• peş peşe sıkıntı gelmek
❷ sel götürmek •	• çok yağmur yağmak, çok yağmurdan dolayı bir bölgede yolların zor geçilir duruma gelmesi

2 다음 지문을 읽고, 문맥에 맞게 위 단어를 넣어 완성하시오.

Bu yıl şiddetli depremler yaşandı. Nisan ayında güney bölgelerinde su taşkınları yaşandı. Yağmur yağmaya devam ediyordu, sular yükseliyordu. Çevredeki her şeyi ______________________ .

Şimdi de kuraklık başladı. İnsanlar sıcaktan ölüyorlar. Başımıza ______________________ .

şiddetli 형 심각한, 극렬한, 맹렬한, 강한

taşkın 형 넘치는, 과잉의

sel 명 홍수

kuraklık 명 가뭄, 건조함

Konu 11

Meslek (직업)

Kendine uygun bir meslek seçen insanlar işlerini severek yapabiliyor.

자신에게 알맞은 직업을 선택한 사람들은 그들의 일들을 즐겁게 할 수 있어요.

핵심 문법 표현

1 Kendine uygun bir meslek seçen insanlar işlerini severek yapabiliyor.

자신에게 알맞은 직업을 선택한 사람들은 그들의 일들을 즐겁게 할 수 있어요.

2 Sonradan anladım ki benim en sevdiğim şey “yeni bir şeyler öğrenmek” imiş.

이후에 깨달은 바로, 나는 내가 제일 좋아하는 것은 “새로운 것을 배우는 것”이었다.

Diyalog

인류는 소통하였기에 생존하였다.

11-1

Selçuk Bugün karşımızda ünlü bilgisayar bilimcisi Ebru Aslan var. Merhaba! Meslek seçmek isteyen gençlere ne gibi tavsiyelerde bulunursunuz? Sizce meslek seçimi niçin önemlidir?

Ebru Bence meslek seçmek yaşam biçimi seçmek demektir. Kendine uygun bir meslek seçen insanlar işlerini severek yapabiliyor. Böylece hem coşkulu, mutlu ve verimli bir yaşam sürdürebiliyor, hem de ülke ekonomisine katkıda bulunabiliyorlar.

Selçuk Ebru hanım, siz küçükken büyüyünce ne olmak isterdiniz?

Ebru Ben babam gibi öğretmen olmak istiyordum. Ama sonradan okuduğum kitaplardan etkilenerek bilim insanı olmaya karar verdim. Ancak bilim insanı yani bilimci nasıl olunur, bilmiyordum. Sonradan anladım ki benim en sevdiğim meslek yeni bir şeyler öğrenmek imiş. Yeni kitaplar okumak, makaleleri incelemek bana mutluluk veriyor.

Selçuk Sizce meslek seçimi konusunda gerçekçi ve doğru bir karara nasıl ulaşılır? Herhangi bir tavsiyeniz var mı?

Ebru Kişi öncelikle kendisini ve meslekleri tanımalı. Ayrıca mesleki eğitim yerleri hakkında da bilgi edinmeli. Daha sonra ise kendisi ve meslekler hakkında edindiği bu bilgileri değerlendirip uygun bir eğitim yerine yönelmelidir.

Selçuk Peki, faydalı sözleriniz ve röportajımızı kabul ettiğiniz için çok teşekkür ederiz.

SÖZCÜK

- **bilimci** 명 과학자, 학자
- **meslek** 명 직업
- **tavsiye** 명 조언
- **yaşam biçimi** 명 생활방식
- **coşkulu** 형 열광한, 감격한, 흥분된
- **verimli** 형 생산적인
- **katkı** 명 도움, 추가, 부가
- **+ I etkilemek** 동 영향을 주다
- **makale** 명 논문, 기사, 논설
- **+ I incelemek** 동 ~을 조사하다, 연구하다, 검토하다
- **röportaj** 명 인터뷰, 설문조사

셀축 오늘은 유명한 컴퓨터 과학자 에브루 아슬란 씨를 모셨습니다. 안녕하세요! 직업을 선택하기를 원하는 젊은이들에게 어떤 조언들을 해주시겠습니까? 직업 선택이 왜 중요하다고 생각하십니까?

에브루 직업을 선택하는 것은 생활방식을 선택한다는 것을 의미합니다. 자신에게 알맞은 직업을 선택한 사람들은 그들의 일도 즐겁게 할 수 있습니다. 따라서 그들은 열정적이고, 행복하며 또한 생산적인 삶을 영위할 수 있으며 또한 국가 경제에도 기여할 수 있습니다.

셀축 에부르 씨, 당신은 커서 무엇이 되고 싶으셨나요?

에브루 저는 아버지와 같은 선생님이 되고 싶었어요. 그러나 이후에 제가 읽은 책의 영향을 받아 과학자가 되기로 결심했습니다. 하지만 나는 과학자가 어떻게 되는지, 그것조차 몰랐습니다. 이후에 깨달은 바로, 나는 내가 제일 좋아하는 것은 새로운 것을 배우는 것이라는 걸 깨달았습니다. 새로운 책들을 읽고, 논문들을 검토하는 것들은 나에게 기쁨을 줍니다.

셀축 당신이 생각하기에 직업 선택에 대해 현실적이며 올바른 결정은 어떻게 내릴 수 있다고 생각하십니까? 추천하시고 싶은 것이 있나요?

에브루 자기 자신을 알아야 하며 동시에 직업들을 알아야 합니다. 게다가 직업 교육장소들에 대한 정보들도 얻어야만 합니다. 그 후 자신과 직업들에 대해 얻은 지식을 평가하고 적절한 교육장소로 향해야만 합니다.

셀축 네, 도움이 되는 좋은 말씀 그리고 인터뷰에 응해주셔서 감사합니다.

1 -(y)An: 주체 수식 동형용사 (Öznesel Ortaç)

- 동형용사(Ortaç)는 동사의 속성을 지니며 형용사적 역할을 한다. 어미 -(y)An은 '~(하)는'으로 해석한다. -(y)An은 동사의 어간과 함께 결합하여 쓰이며, 해당 동사의 주체를 앞에서 수식해준다.

gülen kız 웃는 소녀 okuyan adam 읽는 남자

Hızlı giden araba kaza yaptı.
빠르게 질주하던 자동차가 사고를 냈다.

Spor yapan insanlar daha sağlıklı olur.
운동하는 사람들은 더 건강하다.

- 부정사 mA와도 함께 사용 가능하다.

Polis kırmızı ışıkta durmayan şoföre ceza yazdı.
경찰은 빨간불에 멈추지 않은 운전자에게 과태료를 부과했다.

Sınava zamanında gelmeyen adaylar salona alınmadı.
시험 시간에 오지 않은 응시자는 시험장에 입장할 수 없었다.

aday 명 응시자

- 어떠한 상태를 나타내기 위해서 동사 대신 명사/형용사와도 사용되는데, 이때 -(y)An은 보조동사 ol-에 결합한다.

Onlar dört odası olan bir ev aldı.
그들은 4개의 방이 있는 집을 샀다.

Çalışkan olan öğrenciler bu sınavda zorlanmayacak.
성실한 학생들은 이 시험에 어려움을 겪지 않을 것이다.

- 동형용사어미 -(y)An가 3인칭 복수어미 +lAr와 함께 사용되는 경우, '~을 하는 사람'으로 해석되는데, 이때 형용사가 아닌 명사의 기능을 한다. 이때는 명사 수식 역할에 한정되지 않고 모든 격어미들과 함께 사용 가능하기 때문에 문장 내에서 주어, 목적어, 보어의 위치에 놓여 사용되기도 한다.

Siteye yeni taşınan komşular sabaha kadar gürültü yaptı.
단지에 새로 이사 온 이웃들은 아침까지 소란을 피웠다.

Siteye yeni taşınanlar sabaha kadar gürültü yaptı. (주어)
단지에 새로 이사 온 사람들은 아침까지 소란을 피웠다.

gürültü 명 소음, 소란

Bana inanmayan insanları yanımda istemiyorum.
나는 나를 신뢰하지 않는 사람들을 곁에 원하지 않습니다.

Bana inanmayanları yanımda istemiyorum. (목적어)
나는 나를 신뢰하지 않는 사람들을 곁에 원하지 않습니다.

Öğretmen, sınavda kopya çeken öğrencilere ceza yazdı.
선생님은 시험에서 부정행위를 한 학생들에게 벌칙을 내렸다.

Öğretmen, sınavda kopya çekenlere ceza yazdı. (보어)
선생님은 시험에서 부정행위를 한 학생들에게 벌칙을 내렸다.

kopya çekmek 동 부정행위를 하다, 컨닝하다

- -(y)An가 행위자의 행동의 완료(-mIş), 진행(-mAktA), 예정 · 미래(-(y)AcAk)를 강조하고자 하는 경우, 보조동사 ol-과 함께 -mIş olan, -mAktA olan, -(y)AcAk olan으로 사용된다.

Göreve iki ay önce başlamış olan elemanlar ilk maaşlarını bugün aldı.
두 달 전에 입사한 직원들은 첫 월급을 오늘 받았다.

Sunum yapmakta olan hocayı yaklaşık beş senedir tanıyorum.
나는 발표하고 있는 선생님을 약 5년 동안 알고 있다.

Ankara'ya gidecek olan uçak on dakika sonra hareket edecek.
앙카라에 가는 비행기는 10분 후에 출발할 것이다.

- 동형용사어미들은 때때로 명사로 사용되는데, 이들 명사는 대부분 관습적으로 굳어진 표현들이다.

-An

yürüyen merdiven	에스컬레이터	kapan	덫
geçen (yıl)	작년	dalgakıran	방파제

-(y)AcAk (해당 동형용사어미 12과 참조)

yiyecek	음식, 먹을 것	açacak	병따개
giyecek	의류	çekecek	구둣주걱
gelecek	미래, 장래	yakacak	땔감, 연료
içecek	음료수, 마실 것		

2 -DIk: 객체 수식 동형용사 (Tümleçsel Ortaç)

- 동형용사(Ortaç)의 어미 -DIk를 단독으로 사용하는 경우, 관용적 의미를 나타낸다.

Yine bildik sözlerle beni oyaladın.
너는 또다시 익숙한 단어들로 나를 속였다.

Orada hemşerileri ve başka tanıdıkları vardı.
그곳에는 동포들과 다른 지인들이 있었다.

- -DIk는 인칭어미와 함께 사용되어 동작 또는 행동의 주체를 밝혀준다. -(y)An이 수식하는 명사가 일반적으로 서술어 동작의 주체라면, -DIk의 경우 수식하는 명사가 서술어 동작의 객체로서 목적어 혹은 보어의 위치에 놓인다.

Galeride resimleri inceleyen kadın Türkiye'nin en ünlü ressamıdır.
갤러리에서 그림들을 살펴보는 여성은 튀르키예에서 가장 유명한 화가이다.

Galerideki kadın dikkatle incelediği resimlerden bir tanesini satın aldı.
갤러리에서 여성은 (자신이) 주의 깊게 살펴보던 그림들 중 하나를 구입했다.

- -DIk은 문장에서 행동의 주체, 즉 주어가 전체 문장의 주어가 아닌 경우 수식해주는 인칭에 따라 그 형태를 변화시켜 사용한다.

O bugüne kadar kazandığı tüm paraları hak etti.
그는 오늘날까지 벌어들인 모든 돈들을 가질 자격이 있다.
→ O는 돈을 번 주체, 그리고 그 돈을 소유할 자격이 있는 주체가 된다.

Onun bugüne kadar kazandığı tüm para senin yardımınla mümkün oldu.
그가 오늘날 까지 번 돈들은 모두 너의 도움으로 가능했다.
→ 돈을 번 주체와, 가능한 것의 주체가 다르다.

- -DIk은 현재 또는 과거와 같이 행위나 동작이 실현된 시간적 의미를 내포하지 않는다. 단지 문장의 서술어보다 조금 먼저 혹은 이후에 일어날 일들을 설명하기 때문에 상대적인 시간 표현이라고 할 수 있다.

<u>(Senin) Okuduğun</u> habere <u>inanamadım.</u> 나는 네가 읽은 그 기사를 믿을 수 없었다.
(Senin) Okuduğun: 과거, 먼저 일어난 일 / inanamadım: 과거, 나중에 일어난 일

<u>Senin anlattığın</u> hikâyeyi daha önce <u>duydum.</u> 네가 설명한 이야기를 나는 전에 들었다.
Senin anlattığın: 과거, 나중에 일어난 일 / duydum: 과거, 먼저 일어난 일

Senin unuttuğun şeyleri sana hatırlatacağım. 나는 네가 잊어버린 것들을 너에게 상기시켜줄 것이다.
과거, 먼저 일어난 일 미래, 나중에 일어날 일

- -DIk어미 뒤에 후행하는 단어가 복수인 경우 그리고 단어를 생략하고자 할 경우에는 3인칭 복수어미 +lAr를 -DIk어미 뒤에 사용하면 된다.

Hergün yaptığım işlerden bıktım.
나는 내가 매일 하는 일들로부터 지쳤다.

Hergün yaptıklarımdan bıktım.
나는 내가 매일 하는 일로부터 지쳤다.

Yazdığı kitapların diğer dillere de çevrilmesini istiyordu.
그는 자신이 쓴 책들을 다른 언어로도 번역되기를 원했다.

Yazdıklarının diğer dillere de çevrilmesini istiyordu.
그는 자신이 쓴 책들이 다른 언어로도 번역되기를 원했다.

- -DIk이 행동의 완료(mIş), 진행(mAktA), 예정 · 미래(AcAk)를 강조하고자 하는 경우, 보조동사 ol-과 함께 -mIş olduğu, -mAktA olduğu, -AcAk olduğu가 사용된다.

Dün girmiş olduğumuz sınav ne zaman açıklanıyor?
우리가 어제 치른 시험은 언제 (결과가) 발표되나요?

Şu an izlemekte olduğumuz film çok ilginç.
우리가 지금 보고 있는 영화는 매우 흥미롭다.

Bugünden sonra yapacak olduğun her hareket ailen için olmalı.
오늘 이후의 네가 하게 될 모든 행동들은 가족을 위한 것이어야만 한다.

11-2

Geleceğin meslek neler olacak?

Son 100 yılda meydana gelen teknolojik gelişmelerin, geri kalan bütün tarihsel süreçtekinden daha fazla olduğunu biliyor musunuz? Evet, teknoloji bazı mesleklerin yok olmasına neden olan inanılmaz bir hızla ilerliyor. Üstelik bu durum sadece teknolojiyi değil, bilimsel, sosyal, kültürel ve ekonomik gelişmeleri de etkilemektedir.

Finans Müdürü

Finans müdürleri, finansal işlemleri hazırlayan ve yöneten uzmanlardır. Bir şirket ya da kurumun finansal süreçlerini yöneten bir çalışanın, şirket açısından önemi büyüktür. Gelecekte finans sektörünün çok daha büyüyeceği ve finans yöneticilerine olan ihtiyacın artacağı söylenebilir.

Robot Koordinasyon Uzmanı

Günümüzde, üretim süreçlerinde robotlar kullanılıyor ve robot kullanım oranı günden güne artıyor. Ayrıca robotlar, yepyeni mesleklerle tanışmamıza da neden olacak. Örneğin Robot Koordinasyon Uzmanları, robotların bakım ve onarımı dışında başka önemli çalışmalar da yapmaktadır. Bu sayede robotlara yepyeni beceriler kazandırılacaktır.

SÖZCÜK

- **meydana gelmek** 동 일어나다, 발생하다, 나타나다
- **süreç** 명 과정, 경과
- **üstelik** 부 게다가, 이외에, 더욱이
- **finans müdürü** 명 재무관리자
- **yönetmek** 동 관리하다, 경영하다, 운영하다, 지배하다
- **kurum** 명 협회, 기관, 조직, 조합, 단체
- **sektör** 명 부문
- **ihtiyaç** 명 필요도, 필요성
- **oran** 명 비율
- **koordinasyon** 명 조정
- **bakım** 명 수리, 관리
- **onarım** 명 유지 보수, 관리
- **beceri** 명 능력

미래의 직업들에는 무엇들이 생겨날까요?

지난 100년 동안 일어난 기술 발전들은, 지난 모든 역사 과정들보다 더 많다는 것을 알고 있나요? 그렇습니다, 기술은 일부 직업들이 사라지는 원인이 되며 믿을 수 없는 속도로 발전되고 있습니다. 게다가 이러한 상황은 단지 기술이 아닌 과학, 사회, 문화 그리고 경제의 발전에도 영향을 미칩니다.

재무관리자

재무관리자들은 재무 업무를 준비하고 관리하는 전문가입니다. 회사 또는 기관의 재무 프로세스를 관리하는 직업은 회사에서 중요도가 큽니다. 미래에 재무 분야는 더욱더 확장될 것이며 또한 재무관리자들에 대한 필요성도 증가할 것이라 말할 수 있습니다.

로봇 조정 전문가

오늘날 생산 공정들에서 로봇들이 사용되며 로봇의 사용 비중도 나날이 증가하고 있습니다. 또한 로봇은 새로운 직업들을 우리에게 소개시켜주는 원인이 될 것입니다. 예를 들어, 로봇 조정 전문가들은 로봇들의 수리 및 유지 보수 이외에도 다른 중요한 작업들도 수행합니다. 덕분에 로봇들에게 새로운 능력들이 주어질 것입니다.

*출처: https://www.mentalup.net/blog/gelecegin-meslekleri

Konu ile ilgili Sözcükler

직업

aktör	명 배우
sanatçı	명 예술가
berber	명 이발사
marangoz	명 목수, 목공
genel müdür	명 관리장, 대표이사
aşçı	명 요리사, 셰프
dansçı	명 댄서
dişçi	명 치과의사
doktor	명 의사
mühendis	명 공학자, 기사
itfaiyeci	명 소방대원, 소방수
bahçıvan	명 정원사
hakem	명 심판, 조정자, 중재인
avukat	명 변호사
müzisyen	명 음악가
pilot	명 비행기 조종사
hemşire	명 간호사
profesör	명 교수
sekreter	명 비서
asker	명 군인
yazar	명 작가

다음 빈칸을 채워 문장을 완성하고 해석하시오.

1. Her şeyi ve kendini bil______________ bilgili bir insandır.
해석 ______________________________
2. Senin bana anlat______________ hikâyeyi daha önce de duymuştum.
해석 ______________________________
3. Bugün yap______________ yemeğin tarifini bana da verir misin?
해석 ______________________________
4. Polis, hırsızlık yap______________ yakalamış.
해석 ______________________________
5. Depremde yıkıl______________ binaların yerine yenileri yapıldı.
해석 ______________________________
6. Onun yaz______________ mektubu dün aldım.
해석 ______________________________
7. Ver______________ kitabı yarın okuyacağım.
해석 ______________________________

11-3

1 다음 대화를 듣고 빈칸을 채우시오.

A Sence gelecekte hangi meslekler yok olacak?

B Son zamanlarda yapay zekâ teknolojisi son hızla ilerliyor. Bu nedenle bazı meslekler yok olma tehlikesi altında. Mesela çiftçilik var. Eskiden insanlar ________________. Ama artık robotlar var. Onlar çiftçilerin yaptığı birçok şeyi aynı şekilde yapabilir.

A Doğru diyorsun. Geçen gazetede okudum. Sadece Amerika'da en az 1 milyon işçi bu nedenle yakın gelecekte işsiz kalacakmış.

yapay zekâ 명 인공지능

yok olma tehlikesi 명 사라질 위기, 절멸 위기

çiftçilik 명 농사, 농업

tarım 명 농업

uğraşmak 동 노력하다, 분주하다, 애쓰다, 일을 하다, 종사하다

işçi 명 노동자, 근로자

işsiz kalmak 동 실업자가 되다, 직장을 잃다

2 대화를 다시 듣고, 참인 경우 D(Doğru), 거짓인 경우 Y(Yanlış)로 표시하시오.

❶ Çiftçilik, gelecekte yok olma tehlikesi altında olan mesleklerdendir. → ________

❷ Robotlar çiftçilik yapamaz. → ________

❸ Bu yıl Amerika Birleşik Devletleri'nde en az 1 milyon işçi bu nedenle işsiz kalacak. → ________

다음 질문을 읽고, 자유롭게 답하시오.

❶ Sizin mesleğiniz nedir?

→ ______________________________

❷ Sizce 21. yüzyılda en popüler meslek ne olacak?

→ ______________________________

❸ Sizce en iyi meslek nedir?

→ ______________________________

다음 질문에 대한 대답을 튀르키예어로 작문하시오.

❶ A Az önce gördüğün kadın kim?

B 방금 네가 본 여자는 유명한 여배우라고 한다.

→ ______________________________

❷ A Türkiye'de çalışan kadınların oranı ne durumda?

B 튀르키예에서 일하는 여성들 수의 비율은 나날이 증가하고 있습니다.

→ ______________________________

❸ A Dün izlediğin dizi nasıldı?

B 어제 본 드라마에 대해서 너에게 설명해줄게.

→ ______________________________

Konu 12

Yemekler (음식)

Bugün yapacağımız tatlı ev yapımı baklavadır.

오늘 함께 만들어 볼 디저트는 홈메이드 바클라바입니다.

핵심 문법 표현

1 Bugün yapacağımız yemek ev yapımı makarnadır.
오늘 함께 만들어 볼 음식은 홈메이드 파스타입니다.

2 Önce dondurulmuş dana etini ince ince dilimleyin.
먼저 얼린 소고기를 얇게 썰어 주십시오.

3 Ev yapımı et döner oldukça pratik, oldukça sağlıklıdır.
홈메이드 되네르는 매우 실용적이고, 아주 몸에 좋습니다.

Diyalog

인류는 소통하였기에 생존하였다.

12-1

Sunucu “Bu Akşam Evdeyiz” kanalına hoş geldiniz. Bugün Sema hanımla birlikte ev yapımı et döner yapacağız. Hoş geldiniz Sema hanım.

Sema Hoş bulduk. Bugün yapacağımız yemek ev yapımı et dönerdir. Et döneri hep dışarıda yiyoruz. Ama artık bu akşamdan sonra evde de yapabileceğiz. Ev yapımı et döner oldukça pratik, oldukça sağlıklıdır. Önce dondurulmuş dana etini ince ince dilimleyin. Ama aslında kasabınızdan da bu şekilde satın alabilirsiniz.

Sonra yoğurt, zeytinyağı, kekik, toz kırmızı biber ve yeni baharı bir kapta harmanladıktan sonra et dilimlerini bu karşıma bulayın. Dinlenmesi için etleri buzdolabına koyalım.

Yağsız kıyma, rendelenmiş soğan, tuz ve nane ile karabiberi bir kaba atıp köfte hazırlar gibi yoğurun. Mutfak tezgâhı üzerine streç film açın. İnce bir dilim eti orta kısma yerleştirin. Üzerini incecik bir kat kıyma karışımıyla kaplayın. Tüm malzemeler bitene kadar bir kat antrikot, bir kat kıyma şeklinde ilerleyerek dönere son şeklini verin. Üzerini streç filmle kapladığınız döneri, iki yanından sıkıca kapatın, rulo şeklinde sarın. Sonra dondurucuda 2 saat kadar bekletin. Sonra keskin bir bıçak yardımıyla ince ince dilimleyin. Dilimlediğiniz dönerleri yüksek ateşte pişirdikten sonra sevdiklerinizle paylaşın. Afiyet olsun!

사회자 '오늘밤 집에 있습니다' 채널에 오신 것을 환영합니다. 오늘은 세마 씨와 함께 홈메이드 되네르를 만들어 보겠습니다. 어서오세요, 세마 씨.

세마 반갑습니다. 오늘 함께 만들어 볼 음식은 홈메이드 고기 되네르입니다. 우리는 되네르를 항상 밖에서 먹는데요. 하지만 오늘 저녁 이후부터는 집에서도 만들 수 있을 거예요. 홈메이드 되네르는 매우 실용적이고, 매우 몸에 좋습니다. 먼저 얼린 소고기를 얇게 썰어 주세요. 하지만 실제로 정육점에서도 이런 형태의 고기를 구입하실 수 있습니다.

이후에 볼에 요구르트, 올리브유, 타임, 고춧가루 그리고 예니바하르를 넣고 섞은 후에 고기 조각을 넣어 (양념을) 묻혀 주세요. 마리네이트를 위해 고기를 냉동실에 넣읍시다.

기름이 없는 다진 고기, 다진 양파, 소금 그리고 후추를 볼에 넣고 쾨프테를 준비하듯이 반죽합니다. 주방 조리대 위에 랩을 깔아 줍니다. 얇게 썬 고기 조각을 랩의 중간에 위치시킵니다. 그 위를 얇은 층의 소스에 섞은 다진 고기로 덮어 주세요. 모든 재료가 소진될 때까지 한 층에는 얇게 썬 고기, 다른 한 층에는 다진 고기 형태로 진행하여 되네르의 모양을 만들어 주세요. 랩으로 감싼 되네르를 양쪽에서 꽉 감싸서 롤 형태로 말아 주세요. 그런 다음 냉동실에 2시간가량 놓습니다. 그런 다음 날이 잘 드는 칼로 얇게 썰어 줍니다. 얇게 썬 되네르 조각들을 센 불에서 조리한 후에 사랑하는 사람들과 함께 나눠 드셔 보세요. 맛있게 드세요!

SÖZCÜK

- **kanal** 명 채널
- **et döner** 명 (고기) 되네르
- **oldukça** 부 매우, 몹시
- **pratik** 형 실용적인
- **+ I dilimlemek** 동 ~을 얇게 썰다, 조각조각 자르다
- **kasap** 명 정육점
- **+ I satın almak** 동 구매하다
- **kekik** 명 타임(향신료의 일종)
- **toz kırmızı biber** 명 고춧가루
- **+ I harmanlamak** 동 ~한데 섞다
- **dinlenmek** 동 휴식하다, (요리) 마리네이트하다
- **streç film** 명 랩
- **rulo** 명 롤
- **keskin** 형 날카로운, 날이 선
- **+ I paylaşmak** 동 나누다, 공유하다

*출처: https://yemek.com/tarif/ev-yapimi-et-doner/

1 -(y)AcAk: 동형용사 (Ortaç)

- -(y)AcAk어미는 동사의 속성을 지니며 형용사적 역할을 한다. -(y)AcAk를 단독으로 사용하는 경우 주체 수식 동형용사의 역할을, 인칭어미와 함께 사용하는 경우 객체 수식 동형용사의 역할을 한다.

Toplantıya katılan konuklar için hediyeler hazırladılar.
그들은 회의에 참석한 내빈들을 위해 선물을 준비했다.

Toplantıya katılacak konuklar için bütün hazırlıklar günler önce bitmişti.
회의에 참석할 내빈들을 위한 모든 준비들을 며칠 전에 끝마쳤다.

İki gün önce bitirdiğim makaleyi teslim edeyim mi diye düşünüyorum.
나는 이틀 전에 완성한 기사를 제출해야 할까라고 생각하고 있다.

İki gündür yazacağım makalenin konusunu düşüyorum.
나는 이틀 동안 쓸 기사의 주제를 생각하고 있다.

- -(y)AcAk이 인칭어미와 함께 사용되지 않는 경우, -mAk için(~하기 위해서)의 뜻과 동일하다.

Yolculukta okuyacak birkaç gazete aldım.
나는 여행에서 읽기 위해(읽을) 신문을 챙겼다/샀다.

Yolculukta okumak için birkaç gazete aldım.
나는 여행에서 읽기 위해 몇 개의 신문을 구입했다/챙겼다.

Ali etrafında yağmurdan korunacak bir yer bulamadı.
알리는 주변에 비를 피할 장소를 찾지 못했다.

Ali etrafında yağmurdan korunmak için bir yer bulamadı.
알리는 주변에 비를 피하기 위한 장소를 찾지 못했다.

- -(y)AcAk어미 뒤에 후행하는 단어가 복수인 경우 그리고 단어를 생략하고자 할 경우에는 3인칭 복수어미 +lAr를 -(y)AcAk어미 뒤에 사용하면 된다.

Sınava girecek adaylardan 40TL ücret alındı.
시험에 응시할 참가자들(후보자들)로부터 40TL의 응시료를 받았다.

Sınava gireceklerden 40TL ücret alındı.
시험에 응시할 자들에게서 40TL의 응시료를 받았다.

Sempozyumda görev alacak elemanların listesi belli oldu.
심포지엄에 참가할 멤버들의 명단이 발표되었다.

Sempozyumda görev alacakların listesi belli oldu.
심포지엄에 참가할 사람들의 명단이 발표되었다.
(eleman은 여기서 심포지엄에 참가하는 목적을 가진 사람들을 의미하기 때문에 삭제해도 무방하다.)

- -(y)AcAk어미를 인칭어미와 함께 사용하는 경우 그 자체로서 명사의 역할을 할 수 있다. 따라서 -(y)AcAk에 후행하는 단어를 삭제할 수 있으며, 이때 단어와 함께 사용하는 어미는 그대로 첨가된다.

Lütfen biraz sessiz olur musun? Yazacağım cümleyi unuttum.
부탁인데 조금 조용히 해줄래? 나는 내가 쓰려고 했던 글을 까먹었어.

Lütfen biraz sessiz olur musun? Yazacağımı unuttum.
부탁인데 조금 조용히 해줄래? 나는 내가 쓰려고 했던 것을 까먹었어.

→ 여기서 yazacağım에 후행하는 단어 cümle가 삭제되었으며, 목적격어미를 그대로 받아서 사용하지만, yazacağım(내가 쓸 것, 내가 기록할 것)에 모든 뜻이 내포된다.

Onun evine giderken alacağın hediyeye karar verdin mi?
너는 그의 집에 갈 때 살 선물에 대해 결정을 내렸니?

Onun evine giderken alacağına karar verdin mi?
너는 그의 집에 갈 때 살 것에 대해 결정을 내렸니?

→ 위 문장과 동일하게 alacağın에 후행하는 단어 hediye가 삭제되어도 '네가 살 것'이라는 의미에는 변화가 없다. '결정을 하다, 결정을 내리다'라는 의미로 사용하는 karar ver-의 경우 선행하는 단어에 방향격어미를 수행하므로, alacağın에 방향격어미 +A를 함께 사용한다.

2 -mIş: 동형용사 (Ortaç)

- -mIş어미는 이미 완료된 일, 종료된 일을 나타나며, 다른 동형용사어미들과 마찬가지로 문장에서 명사를 꾸며주는 형용사적 역할을 한다.

Pişen yemeğin kokusu geldi
조리되고 있는 음식의 냄새가 났다. (현재 상태에서 지속되는 일 - 음식이 만들어지고 있는 상황)

Pişmiş yemeğe su katma!
이미 조리된 음식에 물을 넣지 마! (완료된 일 - 이미 완성된 음식)

Sahilde bir sürü ölmüş balık gördük.
우리는 해변가에서 매우 많은 수의 죽은 물고기들을 보았다.

- -mIş어미는 일반적으로 누구에 의해서 그리고 언제 완료되었는지를 알 수 없거나, 설명할 수 없는 상황에서 사용한다. 그렇기 때문에 일반적으로 수동태나 주어가 사람이 아닌 문장에서 주로 사용된다.

Bu dükkânda kullanılmış ev eşyaları satılıyor.
이 가게에서는 사용된 가전제품들이 판매되어진다.

Tozlanmış kitaplar nasıl temizlenir?
먼지 쌓인 책들을 어떻게 청소해야 하나요?

- 부정문 역시 같은 속성을 지닌다. 이때 부정의 의미를 나타내는 hiçbir, hiç, asla 등과 함께 사용되어 의미를 강조할 수 있다.

Aramızda paylaşılmamış hiçbir sır kalmamalı.
우리 사이에 공유하지 않은 어떠한 비밀도 남아있지 않아야만 한다.

Onunla asla kimseye anlatılmamış düşüncelerimizi paylaştım.
나는 그에게 절대로 다른 사람에게는 터놓지 않았던 우리들의 생각들을 공유했다.

- -mIş어미는 관용적으로 굳어져 단어로 사용되기도 한다.

doldurulmuş gıda	냉동 식품	kızarmış patates	튀긴 감자 (감자 튀김)

kahvaltıda kızarmış patates yemeyi çok seviyorum.
나는 아침식사로 튀긴 감자 먹는 것을 매우 좋아한다.

haşlanmış yumurta/patates/mısır	삶은 달걀/감자/옥수수
geçmiş	과거/지난
közlenmiş biber	구운 고추

Türkler damak tadına uygun közlenmiş biberi kebabın yanında sevis yapmaktadır.
튀르키예인들의 입맛에 알맞는 구운 고추는 케밥의 곁에 제공된다.

kendini beğenmiş	잘난체하는	kurutulmuş sebze	말린 채소
sönmüş volkan	사화산	tarihi geçmiş gıdalar	유통기한이 지난 식품들

3 -Ar/-mAz: 동형용사 (Ortaç)

- -Ar/-mAz어미는 후행하는 명사의 행위나 동작이 지속됨을 나타낸다. 형용사의 의미로 사용되기도 하지만 대부분 관용적으로 굳어져 명사로 사용된다.

Ülkedeki gelir oranın artması ülkenin kalkınması için çok önemlidir.
국가의 소득 수준을 높이는 것은 국가 성장을 위해 매우 중요하다.

Mehmet o kadar zengin ki, taşınmaz mallarının değeri ve sayısını kendisi bile bilmiyor.
메흐멧은 너무 부자여서, 그가 가진 부동산의 가치와 수조차도 모른다.

-Ar/-mAz

düşünür	사상가, 철학가
çalar saat	알람 시계
yanar dağ	활화산
gelir / gider	수입 / 지출
yazar	작가
döner kebap/kapı/kule	되네르 케밥(빙글빙글 돌아가며 구워지는 고기)/ 회전문/회전 타워
güler yüz	웃는 얼굴
yaramaz	장난꾸러기, 말썽꾸러기
tükenmez	없어지지 않는, 소진되지 않는
vazgeçilmez	포기할 수 없는, 없어서는 안 되는
konak göçer topluluk	유목민 사회
sanat sever	예술 애호가
okur yazar	문식성, 글을 읽고 쓸 줄 아는

12-2

Fındık

Fındık küçük ve sert kabuklu bir meyve ve tohumdur.

Fındık, ılıman iklimlerde yetişir. Türkiye, Azerbaycan, Yunanistan, İtalya, Kıbrıs, İspanya'nın güney tarafında ve Gürcistan bölgelerinde üretilmektedir. Fındığın bir çok çeşidi vardır.

Özellikle doymamış ve mono doymamış yağları içerir yani yağ oranı oldukça yüksektir. Fındık, kavrulmamış çiğ hali ile tüketildiğinde daha faydalıdır. Çünkü kavrulmamış fındıklar, kavrulmuş fındıklara oranla iki kat fazla antioksidan içerir. Fındık yiyeceklerin içinde, kavrulmuş olarak, çiğ olarak, aperatif olarak ya da yağı süzülerek kullanılabilmektedir. Fındık yağı ise, aşçılıkta ve kozmetikte kullanılmaktadır.

헤이즐넛

헤이즐넛은 작고 단단한 껍질을 가진 과일이며 동시에 씨앗이다.

헤이즐넛은 온화한 기후에서 자란다. 튀르키예, 아제르바이잔, 그리스, 이탈리아, 키프로스, 스페인 남부 및 조지아 지역에서 생산된다. 헤이즐넛은 다양한 종류가 있다.

그것은 특히 불포화 및 단일 불포화 지방을 포함하고 있는데, 즉 지방의 비율이 상당히 높다. 헤이즐넛은 볶지 않은 날것의 상태로 섭취될 때 더욱 이롭다. 왜냐하면 볶지 않은 헤이즐넛은 볶은 헤이즐넛보다 2배나 많은 항산화제를 함유하고 있기 때문이다. 헤이즐넛은 음식 속에, 볶아져서, 생으로, 간식 또는 기름을 걸러서 사용될 수 있다. 헤이즐넛의 오일은 요리와 화장품에 사용된다.

SÖZCÜK

- **fındık** 명 헤이즐넛
- **kabuklu** 형 껍질을 가진
- **tohum** 명 씨앗
- **ılıman** 형 온화한
- **iklim** 명 기후
- **yetişmek** 동 자라다
- **üretmek** 동 생산하다
- **üretilmek** 동 생산되다
- **doymamış yağları** 명 불포화 지방
- **mono doymamış yağları** 명 단일 불포화 지방
- **oran** 명 비율
- **kavrulmamış** 형 볶지 않은
- **hal** 명 상태
- **tüketilmek** 동 섭취되다; 소비되다, 소모되다, 마멸되다
- **antioksidan** 명 항산화제
- **aperatif** 명 간식
- **süzülmek** 동 걸러지다, 여과되다

*출처: https://www.fiskobirlikefit.com/findikdetay/Findigin-Sagliga-Faydalari.html

Konu ile ilgili Sözcükler

음식

☐	alüminyum folyolar	명 알루미늄 호일
☐	streç film	명 스트레치 필름, 랩
☐	buzdolabı poşeti	명 (냉장고 남은 음식 보관용) 비닐봉투
☐	çöp torbası	명 쓰레기봉투
☐	pişirme kağıdı	명 베이킹 페이퍼
☐	karton bardak	명 종이컵
☐	pipet	명 빨대
☐	tahta ahşap karıştırıcı	명 나무 젓개, 나무 스틱
☐	düdüklü tencere	명 압력솥
☐	beyaz eşya	명 백색가전
☐	derin dondurucu	명 냉동고
☐	kahve makinesi	명 커피머신
☐	kek/kurabiye kalıbı	명 케이크/쿠키 몰드
☐	semaver	명 사모바르(2층 주전자)
☐	bulaşık makinesi	명 식기세척기

다음 빈칸을 채워 문장을 완성하시오.

1. Gelecek dönem al__________ derslerin bir listesini yaptım.

2. Yarın görüş__________ adam kim?

3. Biraz sonra pişir__________ böreğin tarifini annemden aldım.

4. Seminerde kimin önce konuş__________ henüz belirlemedik.

5. Dışarıya çıkarken nereye gid__________ söylersen iyi olur.

6. Ahmet hangi üniversiteyi bitir__________ bilmiyorum.

7. Benzine kaç lira zam gel__________ biliyor musun?

12-3

1 다음 대화를 듣고 빈칸을 채우시오.

Ümit En sevdiğin ve en sık ❶ ____________ meyve hangisidir?

Begüm En sevdiğim ve en sık yediğim meyve üzümdür.

Ümit Sence en faydalı meyve hangisidir? Neden?

Begüm Bircok meyve faydalıdır. Ama bence elma en faydalı meyve. Elmanın ❷ ____________ besin lifi sayesinde bağışıklık sistemini güçlendirir. Kabızlığa da iyi gelir. A, B, C, E vitamini ve antioksidan içerme nedeniyle cildi besler ve yaşlanmayı geciktirir.

Ümit Doğru diyorsun. Kesinlikle katılıyorum. Peki şimdiye kadar ❸ ____________, ama yemek istediğin bir meyve var mı?

Begüm Papaya diye bir meyve varmış. Tadını merak ediyorum.

bağışıklık sistemi 명 면역 체계

+ I güçlendirmek 동 ~을 강화시키다

kabızlık 명 변비

2 대화를 다시 듣고, 참인 경우 D(Doğru), 거짓인 경우 Y(Yanlış)로 표시하시오.

❶ Begüm'ün en sevdiği meyve papayadır. → ________

❷ Üzümün içerdiği besin lifi sayesinde bağışıklık sistemini güçlendirir. → ________

❸ Ümit'in en sevdiği meyve elmadır. → ________

다음 빈칸에 자유롭게 답을 적어 문장을 완성하시오.

1. En sevdiğim yemek ______________________________ .
2. Şimdiye kadar bana verilen en güzel hediye ______________________________ .
3. Öğrendiğim ilk Türkçe kelime ______________________________ .
4. En çok gitmek istediğim ülke ______________________________ .
5. Tanıştığım ilk Türk'ün adı ______________________________ .
6. En iyi bildiğim yabancı dil ______________________________ .
7. Beni en çok seven kişi ______________________________ .
8. Yarın yapacağım işler ______________________________ .
9. Hafta sonu seyredeceğim filmin adı ______________________________ .

다음 대화를 읽고, 다음 관용어구의 뜻을 올바르게 연결하시오.

A Ne yapıyorsun? Servis yapmadan önce pişirdiğim yemeğin tadına bakar mısın?
B Ben şimdi 'Avengers' izliyorum. Çok önemli bir sahnede.
A Neden her gün oturup bunu izliyorsun ya? Artık kabak tadı vermeye başlamadı mı?
B Yok hiç. Her gün yeniden izliyormuş gibi hissediyorum.

❶ kabak tadı vermek •	• yiyecek ve içeceklerinden bir parçasını ağzına alıp lezzetini kontrol etmek
❷ tadına bakmak •	• bir konunun sık sık tekrarlanması sonucunda insan bıktırması, çok tatsız gelmeye başlamak

Konu

13

Burçlar (별자리)

Kova burcu insanlar yola çıkacağı zaman acil durumlar için iyice hazırlık yapar.

물병자리 사람들은 길을 나설 때 비상 상황들을 위하여 준비를 철저히 한다.

핵심 문법 표현

1 Ben her film izlediğimde ağlamaktan göz yaşımı tutamıyorum.

나는 영화를 볼 때마다 눈물을 참을 수가 없어.

2 Balık burcu insanlar çok pasif olduğu için biri elini verene kadar asla öne çıkamazlar.

물고기자리에 태어난 사람들은 너무 수동적이어서 누군가가 손을 내밀기 전까지 절대 먼저 나서지 않는다고 한다.

3 Tam eve gireceğim sırada arkamdan seslendin.

내가 집에 들어가려 할 때 네가 나를 불렀다.

4 İnsan ister istemez bu durumda kendini suçlu hisseder.

사람들은 필연적으로 이러한 상황에서 죄책감을 느낀다.

5 Sağlığıma kavuşana kadar(= dek) sigarayı bırakacağım.

나는 건강을 회복할 때까지 담배를 끊을 것이다.

Diyalog

인류는 소통하였기에 생존하였다.

13-1

Hasan	Burçlarla ilgili akşamki programı seyrettin mi?
Zehra	Hayır seyretmedim. Sen?
Hasan	Ben seyrettim. Burçların özellikleri hakkında bilgi edindim. Neyse senin burcun ne Zehra?
Zehra	Balık.
Hasan	Burcunun özelliklerini biliyor musun?
Zehra	Hayır hiç bilmiyorum.
Hasan	Sabırlılık, eli açıklık ve duygusallık, balık burcunda doğanların en önemli niteliklerindendir. Ama balık burcu insanlar çok pasif olduğu için biri elini verene kadar asla öne çıkamazlar. Sence doğru mu?
Zehra	Sen de biliyorsun. Ben o kadar da pasif bir kişiliğe sahip değilim. Ama bir kısmı doğru evet. Mesela ben ne zaman film izlesem göz yaşlarımı tutamam. Geçen senin tavsiye ettiğin filmi izlerken de çok ağladım. İki üç gün şişkin gözlerle gezdim. Ama çok güzel filmdi. Bu sefer filme gideceğin zaman birlikte gidelim.
Hasan	Elbette. Niye olmasın.

SÖZCÜK

- **burç** 명 별자리
- **sabır** 명 참을성, 인내
- **eli açık** 형 너그러운, 관대한, 이해심이 넓은, 관용적인
- **duygusallık** 형 감성지수가 높은, 감정적인
- **nitelik** 명 성질, 성격, 성품, 특질, 특색
- **pasif** 형 수동적인
- **el vermek** 동 도와주다, 나서다
- **kişilik** 명 개성, 인격, 품성, 성격
- **göz yaşı** 명 눈물
- **tavsiye etmek** 동 추천하다
- **şişkin** 형 부은, 부종의

하산	별자리 운세와 관련된 어제 저녁 프로그램을 시청했니?
제흐라	아니 보지 않았어. 너는?
하산	나는 봤어. (그 프로그램을 통해) 별자리의 특징들과 관련된 정보들을 얻었어. 어쨌든 너의 별자리는 뭐니 제흐라?
제흐라	물고기자리야.
하산	너는 네 별자리 특징을 알고 있니?
제흐라	아니 전혀 몰라.
하산	참을성이 있고, 관대하고, 감수성이 풍부한 성질은 물고기자리에 태어난 사람들의 가장 중요한 특징이지. 그런데 물고기자리에 태어난 사람들은 너무 수동적이어서 누군가가 손을 내밀기 전까지 절대 먼저 나서지 않는대. 네 생각에는 맞는 것 같아?
제흐라	너도 알잖아. 나는 그렇게까지 수동적인 성격이 아닌 걸. 그런데 일부는 사실이야. 예를 들어 영화를 볼 때마다 나는 눈물을 참을 수가 없어. 지난번에도 네가 추천했던 영화를 보면서 많이 울었어. 2-3일 동안 부은 눈으로 돌아다녔거든. 하지만 아주 좋은 영화였어. 이번에 영화를 보러 가게 된다면 같이 가자.
하산	물론이지. 왜 안 되겠어.

1 -DIğI zaman/-DIğIndA: 동부사 (Ulaç)

- -DIk 동형용사어미에 zaman(때)이 후행하거나(-DIğI zaman), 장소격어미 +DA가 추가되어 사용되는 경우(-DIğIndA) 일이 발생하는 장소나 시간을 나타내어 문장에서 부사적 역할을 한다. 인칭어미는 행동의 주체를 나타내는 경우 필요에 따라 사용 가능하다. 문장의 서술어가 과거시제어미로 사용되어 과거의 한 시점을 나타내는 경우, -DIğI zaman/-DIğIndA가 '~(했을) 때 / ~(시간이 되)자'의 의미로 해석되지만, 그 이외의 어미들과 함께 사용하는 경우 실현되지 않은 가까운 미래의 의미로 '~(할) 때 / ~(하)면 / ~하는 경우'의 의미로도 해석된다.

Odaya girdiğim zaman kitap okuyordu.
내가 방에 들어왔을 때 (그는) 책을 읽고 있었다.

Odaya girdiğimde kitap okuyordu.
내가 방에 들어왔을 때 (그는) 책을 읽고 있었다.

Bahar geldiği zaman insanlar pikniğe gitmeye başladı.
봄이 오자 사람들은 소풍을 가기 시작했다.

Bahar geldiğinde insanlar pikniğe gitmeye başladı.
봄이 오자 사람들은 소풍을 가기 시작했다.

Paran olmadığı zaman bana söyleyeceksin.
(네가) 돈이 없는 경우에 나에게 말해주어야 해.

Paran olmadığında bana söyleyeceksin.
(네가) 돈이 없는 경우에 나에게 말해주어야 해.

- -DIğI zaman/-DIğIndA의 동작의 주체와 문장의 주어는 같을 수도, 다를 수도 있다.

Onu gördüğüm zaman seni aramasını söylerim.
내가 그를 보게 되는 경우 너에게 연락하라고 말할게.

Onu gördüğümde seni aramasını söylerim.
내가 그를 보게 되는 경우 너에게 연락하라고 말할게.

→ 그를 보는 사람: 나
→ 너에게 전화하라고 말하는 주체: 나

Sınıfa girdiğim zaman Ali bana “Merhaba”dedi.
내가 교실에 들어왔을 때(들어오자) 알리는 나에게 "안녕"이라고 했다.

Sınıfa girdiğimde /Ali bana “Merhaba”dedi.
내가 교실에 들어왔을 때(들어오자) 알리는 나에게 "안녕"이라고 했다.

→ 교실로 들어가는 주체: 나
→ 나에게 인사를 한 주체(문장의 주어): Ali

- 문장에서 'ilk, son, her'를 사용하는 경우 -DIğI zaman는 사용될 수 없으며, -DIğIndA 만 사용 가능하다.

Onu ilk gördüğümde küçük bir çocuktu.
내가 그를 처음 봤을 때, 그는 어린 아이였다.

Onu ilk gördüğüm zaman küçük bir çocuktu. (×)

Bu yemeği her yediğinde miden ağrıyordu.
이 음식을 (항상) 먹을 때마다 너는 배가 아팠다.

Bu yemeği her yediği zaman miden ağrıyordu. (×)

- 서술어가 동작이 아닌, 어떠한 상태, 상황을 나타내는 경우 -DIğI zaman 대신 -DIğIndA 를 사용한다.

Seninle tanıştığımızda üzerinde kot pantolon ve pembe bir gömlek vardı.
(청바지와 분홍색 셔츠를 입은 상태) 내가 너와 처음 만났을 때, 너는 청바지와 분홍색 셔츠를 입고 있었다.

Bu şehre geldiğimde 11 yaşındaydım.
내가 이 도시에 왔을 때, 나는 11살이었다.

- 문장에서 서수(번째)가 나오는 경우 -DIğI zaman/-DIğIndA 대신에 -IşIndA를 사용한다.

Türkiye'ye ikinci gelişimde onu tanıdım.
튀르키예에 두 번째 왔을 때 나는 그를 알게 되었다.

Beşinci okuyuşumda ancak bu makaleyi anlayabildim.
나는 다섯 번째 읽었을 때 비로소 이 논문을 이해할 수 있었다.

TIP

-DIğI zaman와 -DIğIndA는 일반적으로 같은 의미로 사용된다. 하지만 일부 경우 -DIğI zaman 대신 -DIğIndA를 사용하여 그 쓰임에 제한이 생긴다. '처음, 마지막, 항상' 등과 같은 표현으로 그 행동을 강조하거나, '(서술어가 묘사하는 주어의) 상태'를 설명하는 경우 장소 격어미 DA를 사용해줌으로써 동작이 일어난 시점에 대해 강조한다고 볼 수 있다.

2 -(y)AcAğl zaman: 동부사 (Ulaç)

- -(y)AcAğl zaman은 -DIğl zaman/-DIğlndA와 비슷하게 문장에서 부사적 역할을 하며, 그 쓰임 역시 비슷하지만 -(y)AcAk의 사용으로 인하여 '(미래에 ~하려고) 할 때'로 사용된다.

Bu yemeği pişireceğin zaman önceden suyu ısıtmalısın.
이 음식을 조리할 때 먼저 물을 데워야만 한다.

Amerika'ya geleceğim zaman vize için çok bekledim.
나는 미국에 올 때 비자를 오래 기다렸다.

- -DIğl zaman/-(y)AcAğl zaman/-mAdAn önce은 한국어로 해석하면 그 뜻이 거의 비슷해 보이지만, 실제 의미에 있어서는 큰 차이를 가진다.

İzmir'e gittiğin zaman bana telefon et.
이즈미르에 갔을 때 나에게 전화해. (→ 이즈미르에 간 후에, 바로 나에게 전화해)

İzmir'e gideceğin zaman bana telefon et.
이즈미르에 갈 때 나에게 전화해. (→ 이즈미르에 가기 전에, 미리 나에게 전화해)

İzmir'e gitmeden önce bana telefon et.
이즈미르에 가기 전에 나에게 전화해. (→ 나에게 전화하고, 그 이후에 이즈미르에 가)

3 -DIğl/-(y)AcAğı sırada: 동부사 (Ulaç)

- -DIğl/-(y)AcAğı sırada는 -DIğl zaman/-DIğlndA/-(y)AcAğı zaman/-(y)AcAğında과 비슷한 의미이지만, -DIğl/-(y)AcAğı sırada의 동작과 서술어의 동작이 거의 동시에 이루어지는 경우에 주로 사용된다.

Ayşe bayıldığı sırada ben onun yanındaydım.
아이셰가 기절했을 때 나는 그녀의 곁에 있었다.

Tam eve gireceğim sırada arkamdan seslendin.
내가 집에 들어가려 할 때 네가 나를 불렀다.

Film başlayacağı sırada elektrikler kesildi.
영화가 막 시작되려던 때 전기가 나갔다.

- -DIğI/-AcAğı sırada는 ilk, son, her와 같은 단어와 함께 사용할 수 없다.

O bu şarkıyı her dinlediğinde ağlar.
그는 이 노래를 들을 때마다 운다.

O bu şarkıyı her dinlediği sırada ağlar. (×)

4 -Ar -mAz: 동부사 (Ulaç)

- -Ar -mAz는 순간적이고 매우 짧은 시간에 일어나는 일을 설명한다. -Ar -mAz를 사용하는 문장의 경우, 첫 번째 일과 두 번째 일 사이의 시간적 간격이 매우 짧다. '~(하)자마자'로 해석한다.

Bu metni okur okumaz anladım.
나는 이 글을 읽자마자 이해했다. (읽고, 이해하는 시간적 간격이 매우 짧음)

Eşyaları arabaya koyar koymaz yola çıktık.
우리는 차에 짐을 싣자마자 출발했다.

Seni görür görmez tanıdık, hiç değişmemişsin.
나는 너를 보자마자 (너를) 알아보았다, 너는 전혀 변하지 않았다.

- 예외적으로 iste-동사를 사용하는 경우, '어쩔 수 없이, 원치 않음에도, 필연적으로'라는 의미로서 '의무, 당위'의 의미를 나타낸다.

Yarınki yemeğe ister istemez onu da çağırdım.
나는 내일 식사에 어쩔 수 없이 그를 초대했다.

İster istemez o adamla evlenmek zorunda kaldım.
어쩔 수 없이 나는 그 남자와 결혼해야 했다.

İnsan ister istemez bu durumda kendini suçlu hisseder.
사람들은 필연적으로 이러한 상황에서 죄책감을 느낀다.

5 -AnA kadar/dek: 동부사 (Ulaç)

- -AnA kadar/dek은 시작점에서부터 종료지점을 나타내는 부사어로 '~(할) 때까지'로 해석된다.

Mezun olana kadar okula devam edeceğim.
나는 졸업할 때까지 학교를 계속 다닐 것이다.

Araba ağaca vurana kadar durmadı.
자동차는 나무에 부딪힐 때까지 멈추지 않았다.

- -AnA kadar와 -AnA dek은 같은 의미로 사용된다.

Sağlığıma kavuşana kadar sigarayı bırakacağım.

= Sağlığıma kavuşana dek sigarayı bırakacağım.
나는 건강을 회복할 때까지 담배를 끊을 것이다.

TIP

dek은 고대 튀르크어 tägi가 시대의 흐름에 따라 변화된 형태로, 현대 튀르키예어의 '~까지'와 동일한 의미를 가진다.

13-2

Koç Burcu (21 Mart -20 Nisan)

- Elementi: Ateş
- Unsuru: Öncü
- Niteliği: Erkek
- Günü: Salı
- Sayısı: 9
- Renkleri: Kırmızı
- Taşları: Pırlanta, yakut
- Çiçekleri: Hanımeli, lale, gelincik

SÖZCÜK

element 명 요소
unsur 명 성질
nitelik 명 특성, 특질
pırlanta 명 다이아몬드
yakut 명 루비
hanımeli 명 금은화
lale 명 튤립
gelincik 명 양귀비

양자리(3월 21일 ~ 4월 20일)

- 요소: 불
- 성질: 개척자
- 특성: 남성
- 요일: 화요일
- 번호: 9
- 색상: 빨간색
- 상징석: 다이아몬드, 루비
- 꽃: 금은화, 튤립, 양귀비

13-2

Koç burçlar kuşağının ilk burcudur.
Pratik oldukları ve öğüt dinlemek istemedikleri için bazen zor duruma düşerler. Yeni girişimlere atılır, fırsatları çok iyi değerlendirir. Her zaman gergin ve huzursuzlardır. Yarışmayı sever ve birinci olmak için her şeyin en iyisini yapmak isterler. Koç burcunda doğanlar meslek olarak sporculuk, diş hekimliği, mühendisliği seçerler. Amaçları doğrultusunda ilerlerken, kendilerini eylemler ile kanıtlamak isterler.
Eğer Koç'lar girişimde bulunacakları zaman izleyecekleri rotayı ayrıntıları ile planlarsa, enerjik yapılarının da yardımı ile daha da üretken olabilirler. Bencilliklerinden kaynaklanan sabırsızlıkları ve söz dinlemez yaratılışları yüzünden zaman zaman güç durumlara düştükleri de olur ve böyle durumlara düştüğü zaman başladıkları işlerini sonuçlandırmadan bırakırlar. Konuşmaları abartılıdır, bazen gerçekleri değiştirerek anlatırlar. Kavrama yetenekleri fazla olan Koç'lar yaşam sahnesinin başrolünde olmayı tercih ederler. Aşırı kıskanç ve bağımsızlıklarına düşkün olurlar.

양자리는 황도 12별자리의 첫 번째 별자리이다.
그들은 실용적임과 동시에 다른 사람들의 충고를 듣기 싫어하기 때문에 때로 어려움에 처하기도 한다. 그들은 새로운 일을 착수하고 기회를 잘 분석한다. 그들은 항상 긴장하고 불안해한다. 그들은 경쟁을 좋아하며 최고가 되기 위해 최선을 다하기를 원한다. 양자리 별자리에 태어난 사람들은 스포츠, 치과, 공학을 직업으로 선택한다. 목표를 향해 나아가면서 자신의 행동을 통해 자신을 증명하기를 원한다.
만약 양자리가 주도권을 잡을 때, 나아갈 길을 구체적으로 계획한다면, 그들의 에너지 넘치는 성격 덕분에 훨씬 더 생산적일 것이다. 이기심으로부터 발생하는 조바심과 남의 말을 듣지 않으려는 성질 때문에 때때로 어려운 상황에 처하기도 한다. 이러한 경우 그들은 자신들이 시작한 일들을 마무리하지 않고 그만둔다. 그들의 대화는 과장되며, 때로는 사실을 변경하면서 설명하기도 한다. 이해 능력이 높은 양자리 사람들은 생활 전반에서 주연이 되기를 원한다. 매우 질투심이 많으며, 매우 독립적이다.

*출처: https://www.sabah.com.tr/astroloji/koc-burcu-ozellikleri

SÖZCÜK

burçlar kuşağı 명 황도(별자리)
pratik 명 연습, 실습, 실용
öğüt 명 충고, 충언
girişim 명 시도, 새로운 일
fırsat 명 기회
+ I değerlendirmek 동 분석하다, 평가하다, 감정하다, 값을 매기다
gergin 형 긴장한, 팽팽한
huzursuz 형 불안한
yarışma 명 경쟁
+ I kanıtlamak 동 ~을 증명하다, 입증하다
rota 명 길, 뱃길, 항로, 탐방로, 탐사로, 등산로
ayrıntı 명 상세, 세부, 구체
bencillik 명 이기주의
sabırsızlık 명 조급, 성급
yaratılış 명 창조
abartılı 동 과장하다
kavrama 명 파악, 장악
yetenek 명 능력
başrol 명 주연
tercih etmek 동 선택하다
aşırı 형 지나친, 넘치는, 필요 이상의 부 과도하게, 극도로, 매우, 몹시
kıskanç 명 질투심
bağımsızlık 명 독립
+ A düşkün olmak 동 집착하다, 빠지다, 소중히 여기다, 중요시 여기다

Alıştırmalar

다음 해석을 참고하여 문장을 완성하시오.

❶ Sen gel________________ ben uyuyordum.
(네가 왔을 때, 나는 잠을 자고 있었다.)

❷ Film bit________________ uyuyacağım.
(나는 영화가 끝나자마자 잠을 잘 거야.)

❸ Tam evden çık________________ acağım sırada telefon çaldı.
(내가 막 집을 나서려고 할 때, 전화벨이 울렸다.)

❹ Stresli ol________________ tatlı yemek isterim.
(나는 스트레스를 받을 때 달콤한 디저트를 먹길 원한다.)

❺ Onunla tanış________________ henüz 15 yaşındaydım.
(내가 그와 만났을 때 (나는) 겨우 15살이었다.)

❻ Yürüyüş bit________________ aynı müziği dinledik.
(우리는 산책이 끝날 때까지 같은 음악을 들었다.)

❼ Onu gör________________ tanıdım.
(나는 그를 보자마자 (그가 누구인지) 알았다.)

13-3

1 다음 대화를 듣고 빈칸을 채우시오.

Murat	Ayşe, burçlara inanır mısın?
Ayşe	Evet, inanırım.
Murat	Burcunun ❶ ______________ biliyor musun?
Ayşe	Evet, benimki başak.
Murat	Başak burcunda ❷ ______________ çalışkanmış. Tıpkı senin gibi.

2 대화를 다시 듣고, 참인 경우 **D(Doğru)**, 거짓인 경우 **Y(Yanlış)**로 표시하시오.

❶ Ayşe burçlara inanmıyor. → ______________

❷ Başak burcu insanlar çalışkan ve pratik oluyorlar. → ______________

❸ Murat, kendi burcunun ne olduğunu bilmiyor. → ______________

자신의 별자리에 대하여 자유롭게 이야기하시오.

예

Ben başak burcuyum. Başak burcunun özellikleri ise söyledir: Başak burcu insanlar genelde mükemmelliği arayan insanlardır. Ben de bir şey yaptığımda mükemmel olmak zorundaymış gibi hissederim. Ayrıca yalan söyleyen insanlardan nefret ederim. Ben insanların gözlerine bakar bakmaz söylediklerinin yalan olup olmadığını hemen anlarım.

mükemmellik
명 완벽주의

yalan 명 거짓말

hemen 부 단번에

다음 빈칸에 상황에 맞는 개별적인 답을 자유롭게 작성해 문장을 완성하시오.

1. Ben ______________________ gülmekten gözyaşlarımı tutamıyorum.

2. ______________________ zaman birlikte gidelim.

3. ______________________ sinirlendim.

Konu
14

Alışkanlıklar (습관)

Eşim yıllardır sigarayı bırakmaya çalıştığı halde hala bırakamadı.

남편은 몇 년 동안 담배를 끊으려고 노력했지만 여전히 담배를 끊지 못했어요.

핵심 문법 표현

1 Eşim de yıllardır sigarayı bırakmaya çalıştığı halde hala bırakamadı.
남편도 몇 년 동안 담배를 끊으려고 노력했지만 여전히 담배를 끊지 못했어요.

2 Tedaviye başlasa bile iyileşeceğinden emin değilim.
치료를 시작한다 해도 치유가 될 수 있을지는 확신할 수 없습니다.

14-1

Adem	Merhaba, hasta neyiniz oluyor?
Zeynep	Babam.
Adem	Geçmiş olsun. Nesi var?
Zeynep	Tam bilmiyorum ama sigaradan dolayı çok rahatsız.
Adem	Sigara ve içkinin sağlığımıza çok zararları var. Bu tür zararlı alışkanlıklara başlamak çok kolay. Ama bu alışkanlıkları bırakmak çok zor.
Zeynep	Aynen öyle. Eşim de yıllardır sigarayı bırakmaya çalıştığı halde hala bırakamadı.
Adem	Babanız için doktorlar ne söylüyor?
Zeynep	Yıllardan beri sigara içtiği için durumu hiç iyi değil.
Adem	Çok üzüldüm. Sigara hem kendisine hem de çevreye zarar veriyor.
Zeynep	Günde bir tane iki tane sigara derken insanlar yavaş yavaş kendilerini öldürüyor. Babam için gerçekten çok endişeleniyorum. Burası çok kaliteli bir hastane. Doktorlar da çok iyi. Ellerinden geleni yapıyorlar. Aa. Doktor geliyor. Merhaba doktor bey. Nesi var?
Doktor	Merhaba. Maalesef durumu pek iyi değil. Babanızın hastalığı sürekli ilerliyor. Tedaviye başlasa bile iyileşeceğinden emin değilim. Ama elimden geleni yapacağım.

SÖZCÜK

- **alışkanlık** 명 습관
- **çevre** 명 주위 환경, 주변
- **endişelenmek** 동 걱정되다
- **kaliteli** 형 수준 높은, 품질이 우수한
- **tedavi** 명 치료
- **iyileşmek** 동 치유되다, 병이 낫다
- **elinden geleni yapmak** 동 최선을 다하다

아뎀	안녕하세요, 환자와는 무슨 관계이신가요?
제이넵	아버지예요.
아뎀	빨리 나으시길 바랍니다. 어디가 안 좋으신가요?
제이넵	정확히는 모르겠는데, 담배 때문에 몸이 안 좋으신 것 같아요.
아뎀	흡연과 음주는 건강에 매우 해로워요. 그러한 해로운 습관을 시작하는 것은 매우 쉬워요. 하지만 이러한 습관을 끊어내는 것은 매우 어려워요.
제이넵	맞아요 그래요. 남편도 몇 년 동안 담배를 끊으려고 노력했지만 여전히 담배를 끊지 못했어요.
아뎀	의사선생님은 아버지에 대해 뭐라고 말하던가요?
제이넵	오랜 세월 담배를 피워서 상태가 매우 좋지 않다고 했어요.
아뎀	매우 유감이네요. 담배는 자신과 환경에 모두 해를 끼치죠.
제이넵	하루에 한두 개비 담배를 피울 때 사람들은 스스로 자신들을 죽이고 있는 거예요. 아버지가 정말 걱정입니다. 이곳은 매우 수준 높은 병원이에요. 의사선생님들 역시 실력이 매우 좋고요. 그들은 최선을 다하지요. 아. 의사선생님이 오고 계시네요. 안녕하세요 의사선생님. 상태가 어떤가요?
의사	안녕하세요. 아버님의 상태는 그리 좋지 않아요. 병환이 지속적으로 진행되고 있어요. 치료를 시작한다 해도 치유가 될 수 있을지는 확신할 수 없습니다. 하지만 최선을 다하겠습니다.

1 -DIğI/-(y)AcAk halde, -mA + 인칭어미 + (n)A ragmen: 동부사 (Ulaç)

- -DIğI/-(y)AcAk halde, -mA + 인칭어미 + (n)A ragmen를 사용한 문장은 어떠한 동작, 행동, 상황, 사건들이 기대한 바와 다르게 실현되지 않거나, 실현되지 않을 것을 나타낸다. -DIğI halde와 -mA + 인칭 + (n)A ragmen는 '~했음에도, ~(하)지 않았지만 그럼에도'로 해석한다.

Hiç çalışmadım. Ama sınavdan 100 aldım.
나는 전혀 공부하지 않았다. 하지만 시험에서 100점을 받았다.

Hiç çalışmadığım halde sınavdan 100 aldım.
나는 전혀 공부를 하지 않았음에도 시험에서 100점을 받았다.

Hiç çalışmamama rağmen sınavdan 100 aldım.
나는 전혀 공부를 하지 않았지만 그럼에도 시험에서 100점을 받았다.

Dün gece geç kalktığım halde akşam erkenden uykum geldi.
나는 어제 늦게 일어났음에도 저녁 일찍 잠이 왔다.

Dün geç kalkmama rağmen akşam erkenden uykum geldi.
나는 어제 늦게 일어났음에도 저녁 일찍 잠이 왔다.

Anlamadığın halde kafanı sallıyorsun.
너는 이해하지 못했음에도 고개를 끄덕이는구나.

Anlamamana rağmen kafanı sallıyorsun.
너는 이해하지 못했음에도 고개를 끄덕이는구나.

+ I sallamak 동 ~을 끄덕이다, 흔들다

Bahar geldiği halde hava çok soğuk.
봄이 왔지만 날씨는 매우 춥다.

Korktuğu halde kimseye bir şey belli etmedi.
무서웠음에도 어느 누구에게도 표현하지 않았다.

belli etmek 동 분명히 하다, 명백히 하다, 표현하다, 표출하다

- -(y)AcAk halde는 '~할 것임에도'라는 의미로 사용하는 동부사이다.

Gelecek hafta sınava gireceği halde kitabın kapağı bile acımıyor.
다음주에 시험을 볼 것임에도 (그는) 책 표지조차 열어보지 않는다.

Toplantıya katılmayacağımız halde müdür bizim de rapor hazırlamamızı istedi.
우리는 회의에 참석하지 않을 것임에도 대표님은 우리도 보고서를 준비할 것을 요구했다.

- rağmen은 명사와 함께 사용될 수도 있다. 명사와 함께 사용하는 경우 '명사 + (y)A rağmen'의 형태가 된다.

Yağmur vardı, ama yürümeye devam ettik.
비가 내렸다, 하지만 우리는 걷기를 계속 했다.

Yağmura rağmen yürümeye devam ettik.
비에도 불구하고 우리는 걷기를 계속 했다.

Yağmur yağmasına rağmen yürümeye devam ettik.
비가 내렸음에도 우리는 걷기를 계속 했다.

Her problem var, ama onu seviyorum.
모든 문제가 있다, 하지만 나는 그를 사랑한다.

Her şeye rağmen onu seviyorum.
모든 것에도 불구하고 나는 그를 사랑한다.

Bütün engellemeler vardı, ama bu proje tamamlandı.
모든 장애들이 있었다, 하지만 이 프로젝트는 마무리되었다.

Bütün engellemelere rağmen bu proje tamamlandı.
모든 장애들에도 불구하고 이 프로젝트는 마무리되었다.

2 bile: 후치사 (Edat)

- bile는 후치사로서 명사 뒤에 붙어 '조차, 마저'의 의미를 가진다.

Ahmet bile bu soruya cevap veremedi.
아흐멧조차 이 문제의 답을 말할 수 없었다.

Adam, reklamları bile büyük bir dikkatle izliyor.
남자는 광고들마저 매우 큰 관심을 가지고 시청하고 있었다.

- '동사어간 + (-mA) + sA + bile/dA'에서 동사어간에 가정법/조건법어미 -sA와 함께 사용된 형태에 bile 또는 dA가 후행하는 경우, '~(할)지라도, ~(한다고) 해도'로 해석한다.

Benden özür dilese bile/özür dilese de onu affetmeyeceğim.
나에게 사과한다 할지라도 (나는) 그를 용서하지 않을 것이다.

O çalışsa bile/çalışsa da anlamaz.
그는 공부한다 할지라도 이해하지 못한다.

- 후치사 bile는 시제어미와도 함께 사용할 수 있다. 이때 각 문장에 따라 뜻을 강조하는 강의어 의미로 사용되는데, 과거의 일을 언급하는 경우 '이미, 벌써'라는 의미로서 과거에 이미 그 행동이 완료되거나 종료되었음을 나타낸다.

Ekmek bittiyse bakkala git al.
빵이 없으면 가게에 가서 사와.

Bitmiş bile.
이미 다 팔렸어.

→ 이미 빵이 모두 소진되어 없는 상태, 동작이 완료되었음을 강조한다.

Birkaç cümleden sonra daha iyi anlayabilirsiniz.
너희는 몇 문장 (더 말한) 이후에 더 잘 이해할 수 있을 거야.

Anladık bile!
우리는 이미 (말을) 이해했어!

Kardeşin uyuyunca filmi beraber izleriz.
동생이 잠들면 영화를 보자.

Uyumuş bile. / Uyudu bile. / Uyuyor bile.
이미 잠들었어.

→ Uyuyor bile의 경우, 잠이 든 시점이 과거의 한 시점에 기인하기 때문에 이 역시 '이미 잠에 들었다'라는 의미로 해석할 수 있다.

Gonca çok mu kötü?
곤자는 상태가 매우 심각하니?

Evet, okuyamıyor bile.
응, 읽지도 못해.

→ 가장 하찮은, 혹은 쉬운 일임에도 그것 역시 하지 못함을 강조하는 역할을 할 때 사용한다.

14-2

Yalan, bir hatayı gizlemek amacıyla söylenir. İnsanlar yalancı doğmazlar ama yalan söylemenin öğrenildiği bir gelişim süreci yaşarlar. 5 yaşındaki çocuklar yalan söylese bile endişelenmenize gerek yok.
Yalancılık olayı çevresel ilişkilerle birlikte ele alınmalıdır. Çocuğun yalanı öğrenmesini kolaylaştıran diğer bir yol da taklittir. Çocukların yalan söyleme nedenleri ise suçluluk duygusu, kıskançlık, korku, çekingenliktir. Çocuğa güvenmek, onu her hatasında cezalandırmamak karşılıklı güven hislerini geliştirmek suretiyle yalanlardan korunmak mümkündür. Anne-baba, öğretmen yalan söylemekten kaçınmalıdır. Çocukların istenmeyen davranışlarına mümkün olduğu kadar yumuşak ve hoşgörülü davranılmalıdır. Özellikle küçük çocuklar yalan söyledikleri zaman cezalandırılmamalıdır. Ama yetişkin olduğu halde sürekli yalan söyleyenler ise psikolojik tedavi almalıdır.

거짓말은 실수를 숨기기 위한 목적으로 시작된다. 사람들은 거짓말쟁이로 태어나지는 않지만 거짓말을 배우게 되는 발달과정을 경험한다. 5세 아이들이 거짓말을 할지라도 걱정할 필요가 없다.
거짓말을 하는 현상은 환경적인 관계들과 함께 다뤄져야만 한다. 아이가 거짓말을 더 쉽게 배울 수 있는 또 다른 방법은 모방이다. 아이들이 거짓말을 하는 이유는 죄책감, 질투, 두려움, 수줍음이다. 아이들을 신뢰하고, 그들의 모든 실수들에 처벌하지 않으며, 상호 신뢰를 구축함으로써 거짓말로부터 아이들을 보호하는 것이 가능하다. 부모, 교사는 거짓말을 하지 말아야 한다. 어린이들의 바람직하지 않은 행동들은 가능한 한 부드럽고 관대하게 다루어야만 한다. 특히 어린아이들이 거짓말을 할 때 벌을 주어서는 안 된다. 하지만 어른이 되어서도 계속 거짓말을 하는 경우 심리적으로 치료를 받아야만 한다.

SÖZCÜK

hata 명 실수

+ I/ + DAn gizlemek 동 ~를/~으로부터 (사실을) 숨기다, 감추다, 속이다, 덮다

yalancı 형 거짓말을 하는, 가짜의, 엉터리의

süreç 명 경과, 과정

endişelenmek 동 걱정하다, 근심하다

çevresel 형 환경적인

ilişki 명 (상호)관계

ele alınmak 동 다루다

kolaylaştırmak 동 쉽게 하다, 용이하게 하다, 편리하게 하다

taklit 명 모방, 모조

suçluluk 명 죄책감

kıskançlık 명 질투, 시기, 선망

çekingenlik 명 수줍음, 부끄럼

hoşgörülü 형 관용의, 관대한, 아량 있는

yetişkin 형 성년의 명 어른, 성년, 성인

psikolojik 형 심리학상의, 심리학적인, 정신적인

tedavi 명 의학치료, 치병, 의료, 치유

*출처: https://www.cadempsikoloji.com/calisma-alani/4-cocuk-danismanligi/47-yalan-soyleme

Konu ile ilgili Sözcükler

습관

- [ ] doğru sözlü olmak — 동 진실된 사람이 되다, 진실되다
- [ ] dedikodu yapmak — 동 뒷담화하다, 험담하다
- [ ] kavga etmek — 동 싸우다, 다투다
- [ ] izinsiz konuşmak — 동 허락 없이 말하다, 발언권이 없는 상태에서 발화하다
- [ ] sağlıklı beslenmek — 동 건강에 신경 쓰다
- [ ] yere tükürmek — 동 땅에 침을 뱉다
- [ ] kumar oynamak — 동 도박하다
- [ ] nefret etmek — 동 증오하다, 혐오하다, 싫어하다
- [ ] planlı yaşamak — 동 계획적으로 살다
- [ ] başladığı işi bitirmek — 동 시작한 일을 마무리하다
- [ ] tembellik yapmak — 동 게으름을 피우다
- [ ] yüksek sesle konuşmak — 동 큰소리로 이야기하다
- [ ] faydalı — 형 유익한
- [ ] zararlı — 형 해로운
- [ ] geç kalmak — 동 늦다
- [ ] tartışmak — 동 논쟁하다, 언쟁하다, 토론하다

Alıştırmalar

다음 단어들을 문맥에 맞게 배열하여 문장을 완성하고 해석하시오.

❶ yalan olduğunu / onun söylediklerinin / hiçbir şey / söylemedim / bildiğim halde

→ __________

해석 __________

❷ rağmen seni / saygısızlık yapmana / affediyorum / senin

→ __________

해석 __________

❸ ısrar ettiğim halde / ben çok / o yemeğe / kabul etmedi / gelmeyi

→ __________

해석 __________

❹ kilo alıyorsun / spor yapmana rağmen / sürekli

→ __________

해석 __________

14-3

1 다음 대화를 듣고 빈칸을 채우시오.

A İnsanlar kötü alışkanları ❶ ____________________?

B Daha çok arkadaş ❷ ____________________.

A Sizce kötü alışkanlıklar nelerdir?

B Sigara içmek, içki içmek, uyuşturucu maddeler kullanmak var.

A Bunları ❸ ____________________ insanın sağlığını bozar. Ama sağlığa zararlı olmadığı halde hoş olmayan hareketlere de kötü alışkanlık diyebiliriz. Bu tür alışkanlıklara hangi örnekleri verebiliriz?

B Yalan söylemek hatta dedikodu yapmak da kötü bir alışkanlıktır.

alışkanlık 명 습관

uyuşturucu maddeler 명 마약

dedikodu yapmak 동 뒷담화(험담) 하다

2 대화를 다시 듣고, 아래 질문에 답하시오.

❶ Hangisi kötü alışkanlıklardan değildir?

① Yalan söylemek

② Sigara içmek

③ Dedikodu yapmak

④ Yardımsever olmak

❷ İnsan kötü alışkanlıkları kimden edinir?

→ ____________________

다음 질문을 읽고, 자유롭게 답하시오.

1. Sigarayı yasaklamak sigara içimini azaltır mı?

   → ______________________

2. Sigaraya tekrar başlamak için insanlar ne gibi bahaneler ileri sürerler?

   → ______________________

3. Sigaranın zararları nelerdir?

   → ______________________

다음 문장을 한국어로 번역하시오.

❶ Uyuşturucu maddeler, alışkanlık hâlini aldığı zaman insanın sağlığını bozar.

→

❷ İçkili araba kullanan şoförler kaza yapabilir.

→

❸ Sigaraya alışanlar onu hiçbir şekilde bırakamaz.

→

❹ Alkollü içeceklerin yayılmasını önlemek için televizyonda ve radyoda içki reklâmı yapılmamalıdır.

→

정답

Konu 01

Alıştırmalar [연습]

1 ❶ Ankara'dan yarışmaya katılmaktayım.
❷ UNICEF çocuk hakları korumak için dünyanın her yerinde çalışmalar yapmaktadır.
❸ Türkiye'ye en çok Avrupa ülkelerinden turist gelmektedir.

2 ❶ çalışıyordum/çalışırdım
❷ binmiştim ❸ görmüştüm
❹ gitmiştim ❺ getirecektim

Dinleme [듣기]

1 ❶ hoşlanırım ❷ seyrederdim
❸ gidecektim ❹ gelir misin
❺ çalışıyordum ❻ isterdim

케난	너는 어떤 종류의 영화들을 좋아하니?
자난	나는 로맨틱 영화들을 좋아해.
케난	그럼, 너는 공포 영화들은 어때?
자난	예전에는 자주 보곤 했었어. 하지만 지금은 아니야.
케난	응, 알겠어. 이번 주에 나는 영화관에 갈 계획이었어. 너도 같이 갈래?
자난	다음 주에 나는 시험이 있어. 지금도 나는 공부하고 있었어. 시험이 없었더라면, 갔을 거야.
케난	알겠어, 수고해.

2 ❶ **D** 자난은 로맨틱 영화 보는 것을 좋아한다.
❷ **Y** 자난은 공포 영화 보는 것을 좋아한다.
❸ **Y** 케난은 지난 주말 영화관에 갔다.
❹ **D** 다음 주에 자난의 시험이 있다. 때문에 자난은 공부하고 있는 중이다.

Konuşma [말하기]

❶ 해석 너는 어릴 적 모든 것을 이렇게 빨리 외우곤 했니?
Evet, **Küçükken (de) her şeyi bu kadar çabuk ezberlerdim**.
응, 나는 어릴 적에(도) 모든 것을 이렇게 빨리 외우곤 했어.
Hayır, **Küçükken hiçbir şeyi bu kadar çabuk ezberleyemezdim**.
아니, 나는 어릴 적에 모든 것을 이렇게 빨리 외우지 못했어.

❷ 해석 너희들은 새 자동차를 사려고 하지 않았었니?
Evet, **biz yeni araba alacaktık, ama almadık**.
응, 우리는 새 자동차를 사려고 했어, 하지만 사지 않았어.
Hayır, **biz yeni araba almayacaktık**.
아니, 우리는 새 자동차를 사려고 하지 않았어.

❸ 해석 (난) 까먹었어. 우리가 이 연구를 진행하고 있었나?
Evet, **bu araştırmayı yapıyorduk**.
응, 우리는 이 연구를 진행하고 있었어.
Hayır, **bu araştırmayı yapmıyorduk**.
아니, 우리는 이 연구를 진행하고 있지 않았어.

Yazma [쓰기]

❶ 해석 예전에 너는 이 영화를 본 적 있니?
예시 Daha önce bu filmi seyretmiştim.

❷ 해석 너희는 매일 저녁 무엇을 하곤 했니?
예시 Biz her akşam gitar pratiği yapardık.

❸ 해석 당신들의 아기는 밤에 일찍 잠을 잤나요?
예시 Bebeğimiz geceleri hiç erken uyumuyordu.

❹ 해석 너는 대학을 다닐 때 무엇을 배울 계획이었니?
예시 Ben üniversitedeyken Türkçe öğrenecektim.

❺ 해석 튀르키예의 인구는 매년 증가하고 있나요?
예시 Türkiye'de nüfus her yıl artmaktadır.

Konu 02

Alıştırmalar [연습]

1 ❶ Gamze öğrenciyken çok ama çok

düzensiz çalışıyormuş.

❷ Fatih hafta sonu bize gelecekti. Ama ödevleri yüzünden gelemedi. Haftaya gelecekmiş.

❸ Atatürk Anadolu Lisesi her güz döneminde bir şehir dışı turu düzenlermiş.

2 ❶ daki ❷ daki
❸ ki ❹ deki, deki
❺ kü, kü

Dinleme [듣기]

1 ❶ geliştirmiş ❷ dünkü
❸ düşünüyorsun ❹ olacakmış
❺ geliyordu ❻ planlıyormuş
❼ öyleymiş

악탄 들었니 투체? 한국의 ETRI 인공지능 연구소는 언어를 쉽게 배울 수 있는 인공지능(AI) 기술을 개발했다고 해.

투체 아! 나도 어제 뉴스에서 들었어. 너는 이 문제에 대해서 어떻게 생각하니?

악탄 다문화가정, 외국인근로자, K팬들이 한국어를 더 쉽게 배울 수 있을 거라고 해. 사실 나는 혼자 외국어를 공부하는 것이 어렵게 느껴졌어. 심지어 이 팀은 음성처리 기술을 개발할 계획이라고 하네.

투체 맞아 그렇대. 정말 좋은 것 같아!

2 ❶ Y 튀르키예의 인공지능 연구소는 언어를 배우기 위한 인공지능 기술을 개발했다고 한다.

❷ Y 투체는 외국어를 배울 때 어려움을 느끼지 않았다.

❸ D 투체는 이 상황을 긍정적으로 바라본다.

Konuşma [말하기]

❶ 해석 너는 그에게 물었니? 그는 내일 이스탄불에 간다고 하니?

Evet, **yarın İstanbul'a gidiyormuş**.
응, 그는 내일 이스탄불에 간다고 해.

Hayır, **yarın İstanbul'a gitmiyormuş**.
아니, 그는 내일 이스탄불에 가지 않는다고 해.

❷ 해석 아흐멧은 예전에도 공부하지 않았다고 하니?

Evet, **Ahmet eskiden de ders çalışmazmış**.
응, 아흐멧은 예전에도 공부하지 않았다고 해.

Hayır, **Ahmet eskiden ders çalışırmış**.
아니, 아흐멧은 예전에 공부했다고 해.

❸ 해석 그도 우리와 함께 온다고 하니?

Evet, **o da bizimle gelecekmiş**.
응, 그도 우리와 함께 온다고 해.

Hayır, **o bizimle gelmeyecekmiş.**
아니, 그는 우리와 함께 오지 않을 거라고 해.

Yazma [쓰기]

❶ O, sınav için hiç ders çalışmıyormuş.

❷ Haberlere göre (Habere göre) 2025 yılında lise öğrencilerinin eğitimi de zorunlu olacakmış.

❸ Onlar sık sık kütüphaneye gider miymiş?

❹ Bugünkü kahvaltıyı sen mi hazırladın?

Konu 03

Alıştırmalar [연습]

1 ❶ almalıydınız
해석 의사에게 진료받기 위해서 예약을 했었어야만 합니다. 이 경우 진찰을 받으실 수 없습니다.

❷ almalıydın
해석 비가 오고 있다. 너는 우산을 챙겼어야만 했다.

❸ gelmeliydin
해석 너도 파티에 왔었어야만 했어. 우리는 정말로 즐거웠어.

2 ❶ vermemeliymişim
❷ davranmalıymışım
❸ biriktirmeliymişiz

Dinleme [듣기]

1 ❶ teslim etmeliydim
❷ dinlemeliymişim

잔	타르칸의 새로 나온 음악을 들어봤니?
니할	아니, 아직 들을 시간이 없었어. 오늘까지 보고서를 제출해야만 했거든. 지난번에 아이셀도 나에게 전화해서 이 노래가 좋다고 말했어. 꼭 내가 들어봐야 한다고 했어.
잔	맞아. 정말 좋아. 그의 음악들은 어차피 모두 좋긴 하지만... 너는 어떤 음악 장르를 좋아하니?
니할	나는 팝 장르를 좋아해.

2 ❶ **D** 니할은 숙제 때문에 매우 바빴다.
❷ **Y** 아이셀은 타르칸의 음악을 추천하지 않았다.
❸ **Y** 타르칸의 음악들은 잔의 마음에 들지 않았다.

Konuşma [말하기]

❶ almalıydım
해석 나는 달리다가 신발 뒷굽이 부러졌다. 그래서 나는 새 신발을 사야만 했다.

❷ beklemeliydik
해석 우리는 비행기를 놓쳤기 때문에 아침까지 공항에서 기다려야만 했다.

❸ çalışmalıydım
해석 나는 시험에서 매우 나쁜 점수를 받았다. 나는 이 수업을 더 열심히 공부했어야만 했다.

❹ bitirmeli miymişiz / bitirmeli miydik
해석 우리는 이 보고서를 내일까지 끝내야만 합니까? 아니면 시간이 더 있나요?

Yazma [쓰기]

❶ yapmalıydım
해석 나는 1년 전에 튀르키예에 왔지만 아직도 튀르키예어를 말하지 못해요. 나는 튀르키예어 실력을 향상시키기 위해 무엇을 해야만 했나요?

❷ götürmeliydik
해석 우리는 어제 저녁 영화관에 가려고 했지만 동생이 갑자기 아팠다. 우리는 그를 바로 병원에 데려가야만 했다.

❸ bitirmeliymişiz
해석 대표님께서 말씀하셨다. 우리는 이 프로젝트를 2주 내에 끝내야만 한다고 한다.

❹ istemeliydim
해석 나는 이 문제를 해결하기 위해서 내 친구에게 도움을 요청해야만 했다.

Konu 04

Alıştırmalar [연습]

1 ❶ Otobüs geliyor, koşmamız gerek.
❷ Benim gitmem gerek, yarın görüşürüz.
❸ Kesinlikle kırmızı ışıkta geçmemelisiniz.
❹ Çocukların gazlı içecekler içmemeleri gerekiyor.
❺ Bu ilacı tok karnına almanız gerekmiyor. Açken de alabilirsiniz.

2 ❶ gel**men gerek** ❷ git**meliyim**
❸ ol**man gerek** ❹ ver**melisin**

친구가 나에게 전화를 걸어 "빨리 나에게 와야만 해"라고 말했다. 바로 택시를 불러 탔고 기사님께 "나는 빨리 가야만 해요, 서둘러 주세요."라고 말했다. 나는 친구의 집에 갔다. 친구는 울며 "오늘 너는 내 곁에 있어줘야만 해. 나에게 힘을 주어야만 해. 왜냐하면 할머니께서 돌아가셨거든. 나는 매우 슬퍼"라고 말했다. 나도 친구에게 "물론이지"라고 말했다. 친구는 나에게 "좋은 친구는 힘든 때 비로소 확실해진다는 말은 정말 맞는 말같네."라고 말했다.

Dinleme [듣기]

1 ❶ hiç derdime derman olmadı
❷ hastane kapılarında kaldın

윤기	또 무슨 일이야? 괜찮아?
레일라	나는 컨디션이 몹시 나쁜 것 같아. 오늘은 어제보다 더 안 좋아.
윤기	병원에는 갔어?
레일라	물론이지, 하지만 아무런 효과도 없었어. 안 가본 병원이 없네.

윤기	아이고! 불쌍해라! 차도가 없다니. 올해 넌 자주 아픈 것 같아.
레일라	정확히 그래.

2 ❶ Derdine derman olmak

해석 문제 또는 사건을 해결하다

❷ Hastane kapılarında kalmak

해석 자주 병에 걸리다, 병원에 자주 가다

Konuşma [말하기]

❶ 해석 어떤 종류의 음식들을 피해야만 합니까?

예시 Yağlı yemeklerden kaçınmak gerekiyor.
기름진 음식을 피해야만 합니다.

❷ 해석 질병을 예방하기 위해서 무엇을 해야만 합니까?

예시 Ellerinizi sık sık yıkamalı.
손을 자주 씻어야 합니다.

❸ 해석 환자를 방문할 때 주의해야 할 사항은 무엇입니까?

예시 Hasta ziyaretinde yüksek sesle konuşmamak gerekiyor.
환자를 방문할 때 큰 소리로 이야기하지 말아야 합니다.

❹ 해석 살을 빼려면 굶어야 합니까?

예시 Evet, kilo vermek için aç kalmak zorundasınız.
네, 살을 빼려면 굶어야 합니다.

Hayır, kilo vermek için aç kalmak zorunda değilsiniz.
아니요, 살을 빼기 위해 굶을 필요는 없습니다.

Yazma [쓰기]

❶ 해석 저는 살을 빼기 위해서 다이어트를 시작해야만 합니까?

예시 Evet, Zayıflamak için diyete başlamalısın(ız).
네, (당신은) 살을 빼기 위해서 다이어트를 시작해야만 합니다.

❷ 해석 진찰받기 위해 예약해야 할 필요가 있나요?

예시 Evet, muayene olmak için randevu almak gerekiyor.
네, 진찰을 받기 위해 예약해야 할 필요가 있습니다.

❸ 해석 저는 담배를 끊어야만 합니까?

예시 Evet, Sigarayı bırakmak zorundasınız.
네, 담배를 끊으셔야만 합니다.

Konu 05

Alıştırmalar [연습]

1 ❶ Babam ve annem birbirlerini seviyor.

해석 나의 아버지와 나의 어머니는 서로를 사랑한다.

❷ Onlar birbirlerine kızıyor.

해석 그들은 서로에게 화를 낸다.

❸ Eser ve Olga birbirlerini anlatacak.

해석 에세르와 올가는 서로를 (서로에게) 설명할 것이다.

❹ Kardeşim ve ben birbirimize güveniyoruz.

해석 나의 동생과 나는 서로를 신뢰한다.

2 ❶ 이것은 우리 음식이고, 저것은 중국 음식입니다.

❷ 이것은 우리 자신의 문제이며, 다른 그 누구도 관여할 일이 아니다.

❸ 당신은 회사에 당신 자신의 자동차로 오십니까, 지하철로 오십니까?

Dinleme [듣기]

1 ❶ her birinin ❷ Cinsine göre
❸ Kendi

> 반려동물은 각각 고유한 특성들이 있다. 가장 눈에 띄는 반려동물 중 하나는 색을 가진 두 눈을 가진 반(Van) 고양이다. 종에 따라 양쪽 눈이 파란색, 한쪽 눈은 파란색, 다른 한쪽은 호박색, 또는 두 눈 모두 호박색인 경우가 있다. 갓 태어난 고양이의 눈은 회색빛을 띤다.
>
> 반 고양이는 귀엽고, 친근하며, 똑똑하고, 충성스럽고, 아름답고 매력적인 동물이다. 그들은 민감한 감각기관을 가지고 있다. 그렇기 때문에 가족 중 누가 행복하고 누가 불행한지를 쉽게 알아차리며, 그들에게 관심을 보인다.
>
> 반 고양이는 두꺼운 털을 가지고 있지만 추위를 견디지 못한다. 봄과 가을에 털들은 모두 빠진다.

털의 색은 일반적으로 흰색이다.
고양이과는 일반적으로 물에서 수영하는 것을 싫어하지만, 반 고양이는 물을 좋아하고 수영하는 것을 좋아한다. 자발적으로 물에서 놀고 수영하는 것을 좋아하는 유일한 고양이 종이라고 알려져 있다.

2 ❶ **Y** 모든 반려동물은 공통적인 특징을 가지고 있다.
❷ **D** 반 고양이는 두꺼운 털을 가지고 있다.
❸ **D** 반 고양이의 눈은 다른 색일 수도 있다.
❹ **D** 반 고양이는 물에서 노는 것을 좋아한다.

Konuşma [말하기]

❶ 해석 너는 튀르키예어를 (혼자) 스스로 배웠니?
Evet, **Ben Türkçeyi kendi kendime öğrendim.**
응, 나는 튀르키예어를 스스로 배웠어.
Hayır, **Ben Türkçeyi kendi kendime öğrenmedim. Kursa gittim.**
아니, 나는 튀르키예어를 스스로 배운 것이 아니야. 학원에 갔어.

❷ 해석 이것은 그들의(소유) 자동차입니까?
Evet, **bu onların kendi arabası.**
네, 이것은 그들의 자동차입니다.
Hayır, **bu onların kendi arabası değil. Bu kiralık.**
아니요, 이것은 그들의 자동차가 아닙니다. 이것은 임대입니다.

❸ 해석 당신들은 이스탄불에 당신들의(소유) 자동차로 갔습니까? 아니면 기차로 갔습니까?
(İstanbul'a) Kendi arabamızla gittik.
(이스탄불에) 우리 자동차로 갔습니다.
İstanbul'a trenle gittik.
이스탄불에 기차로 갔습니다.

Yazma [쓰기]

❶ kendine geldi / kendini topladı
해석 알리는 수술 후 3시간 만에 회복되었다.

❷ kendimi alamadım
해석 너무나도 예쁜 사진이기에 저는 (그 사진을) 보느라 넋이 나갔어요.

❸ kendimi, veremedim
해석 나는 어제 한숨도 자지 못했기 때문에 오늘 일에 전념할 수 없었다.

❹ kendimi tutamadım
해석 드라마가 너무 웃겨서 웃지 않을 수 없었다.

❺ kendimi zor tuttum
해석 "아버지와 아들" 영화는 매우 인상 깊었다. 매 순간 나는 울지 않으려고 꾹 참았다.

❻ kendini kaybediyorsun
해석 너는 화가 나면 항상 자제력을 잃어. 스스로를 통제하는 방법을 배워.

❼ kendini kaptırıp
해석 최근 딸아이가 컴퓨터 게임에 푹 빠져 숙제를 게을리 하고 있다.

❽ kendine gelecek / kendini toplayacak
해석 걱정하지 마십시오. 환자는 하루나 이틀 안에 회복될 겁니다.

Konu 06

Alıştırmalar [연습]

1 ❶ 예시 Kızım parkta salıncakta sallanırken düştü.
내 딸은 공원에서 그네에서 흔들거리다가 넘어졌다.
❷ 예시 Polis gelince hırsız bodrum kata saklandı.
도둑은 경찰이 도착하자 지하실 층에 숨었다.

2 ❶ Elif'le Serkan tanışıyor.
해석 엘리프는 세르칸을 안다. 세르칸은 엘리프를 안다. → 엘리프와 세르칸은 서로 아는 사이다.
❷ Sabah Sema hanım ile selamlaştık.
해석 세마 씨가 아침에 나에게 인사를 했다. 나도 그녀에게 인사를 했다. → 아침에 세마 씨와 나는 인사를 나눴다.
❸ Ben eski arkadaşımla hala mektuplaşıyoruz.
해석 나는 아직도 옛 친구에게 편지를 쓴다. 그도 나에게 쓴다. → 옛 친구와 나는 아직도 편지를 주고받는다.

Dinleme [듣기]

1 ❶ Millî bayramlar ❷ Dinî bayramlar ❸ Kurban Bayramı ❹ düğün törenleriniz

지민	당신들에게는 어떤 명절들이 있나요?
아이순	4월 23일 어린이날, 5월 19일 청소년 및 스포츠의 날, 8월 30일 승전 기념일, 10월 29일 공화국의 날이 국경일입니다. 이들은 국경일입니다. 종교적인 휴일로는 라마단과 쿠르반(희생절)이 있습니다.
지민	이해했습니다. 결혼식은 어떤가요? 그곳에서 무엇을 하시나요?
아이순	음식을 먹고 춤을 춥니다. 특히 신부와 신랑(의 의복에)에게 금과 돈을 걸어줍니다.

2 ❶ Y 아이순에 의하면 라마단 명절은 국경일입니다.
❷ Y 튀르키예의 결혼식에서는 절대로 춤을 추지 않습니다.
❸ D 승전 기념일은 튀르키예의 국경일입니다.

Konuşma [말하기]

1 ❶ nişanlı 약혼자 – nişanlanmak 약혼하다
❷ evli 결혼 – evlenmek 결혼하다
❸ dul 과부, 홀아비 미망인, 홀아비 – boşanmak 이혼하다
❹ sözlü (구두상의) 약혼자 – söz kesmek (구두상으로) 서약하다

2 ❶ Y 약혼은 결혼식 후에 이루어집니다.
❷ Y 결혼한 남자를 신부라고 하고, 결혼한 여자를 신랑이라고 합니다.
❸ D 결혼 전에 맺은 서약을 혼인식이라고 합니다.
❹ D 결혼 후 이혼한 사람 혹은 사별한 사람을 과부/홀아비라고 합니다.

Yazma [쓰기]

❶ bayram harçlığı
해석 나는 어렸을 때 친척들로부터 명절 용돈을 받곤 했다. 나는 그것을 모두 게임에 썼다.

❷ bayram şekeri
해석 예전에는 명절 때 아이들에게 명절 사탕을 나눠주곤 했다.

❸ bayramdan bayrama
해석 조부모님은 외국에 거주하셨다. 그래서 평소에는 만나지 못했으며, 명절 때마다(명절이 되어서야) 만날 수 있었다.

❹ bayramlık
해석 새로운 명절빔을 입고 할머니 손에 뽀뽀하렴!

❺ bayram havası
해석 막내 동생이 외국에서 돌아왔다. 그의 귀국은 우리집에 축제 분위기를 조성했다.

Konu 07

Alıştırmalar [연습]

1 ❶ 질문 Ahmet ne zamandır(ne zamandan beri) Türkiye'de?
답 Ahmet hazirandan beri Türkiye'de.
❷ 질문 Savaş ne zamandan beri devam ediyor?
답 Savaş 2010'dan beri devam ediyor.
❸ 질문 Derslere ne zamandan beri gidiyorsun?
답 Derslere salıdan beri/ salı gününden beri gidiyorum.

2 ❶ bir yıldır ❷ den beri

Dinleme [듣기]

1 ❶ Hem ❷ hem de ❸ kolaylaştıracak ❹ yaklaştırarak ❺ herhangi bir

비접촉식 직불/신용카드
빠르고 스마트한 비접촉식 직불/신용카드!
모든 쇼핑에서!
매표소에서!
버스, 택시 및 해상 교통 수단에서도
사용할 수 있습니다!

〈비접촉식 직불/신용카드는 무엇인가요?〉
비접촉식 직불/신용카드는 생활을 편리하게 하고, 시간을 절약할 수 있게 하는 신용카드입니다. 이 카드는 기존 신용카드와 크기와 모양이 동일합니다. 결제 시 POS기에 카드를 가까이 가져가면 됩니다.

〈비접촉식 직불/신용카드에 연간 카드 수수료가 있나요?〉
아니요, (당사의) 비접촉식 카드 소지자에게 부과되는 연간 카드 또는 사용 요금은 청구되지 않습니다.

〈어떻게 비접촉식 직불/신용카드를 소지할 수 있나요(발급받을 수 있나요)?〉
튀르키예 은행 지점에서 10분 안에 발급받아 소지하실 수 있습니다. www.turkbanka.com.tr 인터넷 주소에서도 신청하실 수 있습니다.

〈비접촉식 카드를 어떻게 수령할 수 있나요?〉
비접촉식 카드는 신청 시 당사 영업점에서 수령하실 수 있습니다. 또한 주소지로도 수령하시는 것 역시 가능합니다.

2 ❶ **Y** 비접촉식 카드는 오직 은행에서만 수령 가능하다.
❷ **D** 카드를 POS기에 가까이 가져가면 결제 가능하다.
❸ **Y** 택시, 버스 등 대중교통에서 사용 가능하나, 해상 운송 수단에서는 사용할 수 없다.

Konuşma [말하기]

1 ❹ - ❶ - ❻ - ❷ - ❺ - ❸

A: 도움을 원하십니까?
B: 네. 저는 새로운 휴대폰을 사고 싶습니다. 여기에는 많은 종류가 있네요. 선택할 수가 없어요. 추천해주시겠습니까?
A: 새로 나온 휴대폰을 보고 계신가요?
B: 아니요. 저에게 신제품은 그리 중요하지 않아요. 저에게 있어서는 전화, 메시지 보내는 정도만으로도 충분합니다. 하지만 사진이 잘 찍혔으면 좋겠네요. 우리는 지난달부터 집에서 강아지를 키우기 시작했거든요. 강아지 사진을 찍는 일이 나를 무척이나 기쁘게 합니다.
A: 알겠습니다. 이 모델은 어떠신가요? 할인이 어제 막 시작되었어요. 어제부터 이 모델은 정상가에서 40% 할인되었습니다.
B: 매우 좋네요, 가격도 저렴하고요. 이것으로 사겠습니다. 감사합니다.

Yazma [쓰기]

❶ gelmeyeli
해석 우리가 오지 않은 이후로 이곳은 매우 많이 변했다.

❷ Günlerdir
해석 너는 며칠 동안 집에서 나가지 않았어. 이제 밖으로 나가 바람을 좀 쐬렴.

❸ verdim vereli
해석 나는 살을 뺀 이후, 스스로가 더 건강하게 느껴진다.

❹ aydan beri
해석 우리는 지난달부터 학교에 가지 않았다.

Konu
08

Alıştırmalar [연습]

1 ❶ bin**meseydim**
해석 이 버스를 타지 말았어야만 했어! 숨막혀 죽겠어!

❷ ol**saydı**
해석 우리에게 휴대폰이 있었더라면, 지금 우리는 그에게 전화했을 텐데.

❸ tanı**saydım**
해석 너를 훨씬 전에 알았더라면!

2 ❶ 내가 너의 입장이었다면, 이 집에서 즉시 떠날 것이다.
❷ 당신들이었다면 이 오래된 자동차에 이만큼의 돈을 주시겠습니까(주고 구입하시겠습니까)?
❸ 우리가 당신의 입장이었다면, 튀르키예에 가서 튀르키예어를 배울 것이다.

Dinleme [듣기]

1 ❶ olsan ❷ yapardın
❸ Ben olsam su koymazdım

메흐멧	음식이 너무 짰어. 물을 조금 넣었어.
아이셰	물을 넣었다고?
메흐멧	응, 너라면 어떻게 했을 것 같아?
아이셰	나였다면 물을 넣지 않았을 거야. (음식에) 감자를 넣고, 이후에 그 감자를 꺼내서 버릴 거야. 왜냐하면 감자는 음식의 짠 기를 흡수하거든.

2 ❶ **Y** 아이셰는 음식에 물을 넣기를 원했다.
❷ **d** 감자는 음식 속의 짠 기를 흡수한다.

Konuşma [말하기]

❶ 도시 간 이동을 위해 어떤 교통수단이 이용됩니까?
예시 Uçak, otobüs, tren ile yapılır.
(도시 간 이동은) 비행기, 버스, 기차로 합니다.

❷ 도시 내 이동에서 주로 어떤 교통수단이 사용됩니까?
예시 Şehir içi ulaşımda en çok otobüs kullanıyoruz.
우리는 도시 내 운송수단으로 버스를 가장 많이 사용합니다.

❸ 가장 저렴한 교통수단은 무엇입니까?
예시 En ucuz ulaşım otobüstür.
가장 저렴한 교통수단은 버스입니다.

❹ 한국에서 사람들은 교통법규를 잘 지키나요?
예시 Kore'de herkes trafik kurallarına uyuyor.
한국에서는 모든 사람들이 교통법규를 지킵니다.

Yazma [쓰기]

1 ❶ yolcu etmek – yola gidecek kimseyi uğurlamak
해석 배웅하다 – 길을 떠나는 누군가에게 작별을 고하다

❷ yaya kalmak – işini yürütürken yardımından yararlandığı kişi ya da şeyden yoksun kalarak iş yapamaz duruma düşmek
해석 도움을 받는 처지가 되다, 남겨지다 – 일을 수행하는 데 있어서 도움을 받는 사람 혹은 어떠한 원인(부족함, 결핍 등)으로 인하여 일을 처리할 수 없는 상황에 놓이다

2 ❶ Yaya kaldım
해석 나는 집에서 일찍 나왔지만 버스를 놓쳤다. 다음 버스는 30분 후에 도착한다. 나는 학교에 늦었다. 나는 남겨졌다.

❷ yolcu etmek
해석 동생을 배웅하기 위해 우리는 공항에 갔다.

Konu 09

Alıştırmalar [연습]

1 ❶ sevindirmek
❷ yedirme
❸ güldürdü
❹ bekletti
❺ kopardı

2 ❶ ①
해석 알리의 이야기는 우리 모두를 몇 분 동안 웃게 만들었다.
❷ ②
해석 어머니는 아기에게 음식을 먹였다.
❸ ③
해석 선생님은 학생들에게 글을 쓰게 했다.
❹ ①
해석 과속과 알코올이 그에게 사고를 발생하게 했다.
❺ ②
해석 에미네는 두 살짜리 딸의 손을 잡고 알파벳의 모든 문자를 적게 했다.

Dinleme [듣기]

1 ❶ gözüne girdi
❷ ilgilenmiyorsan
❸ yıldızı parladı

멜템	외메르 투란이 누구야?
하칸	그는 레슬링 선수야. 외메르 투란은 성공적인 동작으로 무라트 이을마즈의 눈에 들었어.
멜템	아 그래? 그가 이번 해 올림픽에서 금메달을 땄잖아. 그런데 이전에는 그를 몰랐어.

하칸 응. 스포츠에 관심이 없다면, 그의 이름을 들어본 적이 없을 거야. 그는 순식간에 유명해졌어. 유명한 레슬링 선수가 되었지.

2 ❶ yıldızı parlamak – ünlü olmak, şansı açılmak

해석 (별이 되어) 빛나다 – 유명해지다, 기회를 얻다

❷ gözüne girmek – çalışkanlığı ve olumlu davranışlarıyla karşısındakinin güvenini kazanmak

해석 눈에 들다 – 노력과 긍정적인 행동들로 상대방의 신뢰를 얻다

Konuşma [말하기]

❶ 당신은 축구를 하십니까?

① 얼마나 자주 하십니까?

예시 Haftada bir kere, her gün, her hafta futbol oynarım.

② 언제 하십니까?

예시 Hafta sonu, sabahları, okuldan sonra, öğle arasında futbol oynarım.

③ 어디에서 하십니까?

예시 Futbol sahasında, parkta futbol oynarım.

❷ 건강을 유지하고 몸매를 유지하기 위해 규칙적으로 운동하십니까?

① 얼마나 자주 하십니까?

예시 Haftada bir kere, her gün, her hafta spor yaparım.

② 언제 하십니까?

예시 Hafta sonu, her gün sabahları, okuldan sonra, öğle arasında spor yaparım.

③ 어떤 종류의 운동을 하십니까?

예시 Yoga yaparım, pilates yaparım, yüzerim, spor salonuna giderim, parkta koşarım.

❸ 당신은 산책을 하십니까?

① 얼마나 자주 하십니까?

예시 Haftada bir kere, her gün, her hafta yürüyüş yaparım.

② 언제 하십니까?

예시 Sabahları, okuldan sonra, öğle arasında, akşam işten sonra, akşam yemeğinden sonra yürüyüş yaparım.

③ 어디에서 하십니까?

예시 Parkta yürüyüş yaparım.

Yazma [쓰기]

❶ birincilik
유명한 육상 선수가 1위로 (경기를) 끝냈다.

❷ Olimpiyat
올림픽은 4년마다 개최된다.

❸ güreşçi
두 레슬링 선수는 정확히 한 시간 동안 레슬링을 했다.

❹ sağlıklı
운동하는 사람은 건강해진다.

Konu 10

Alıştırmalar [연습]

1 ❶ Dünkü partiye gidilmedi.

해석 어제 자 파티에 가게 되지 못했다.

❷ Ev satıldı.

해석 집이 팔렸다.

❸ Yatmadan önce dişlerimizin/dişlerin fırçalanması gerekiyor.

해석 잠자리에 들기 전에 (우리들의) 이는 닦여져야만 한다.

❹ Köpekler çok seviliyor.

해석 강아지들은 매우 사랑받고 있다.

❺ İki gün sonra ev temizlenecek.

해석 이틀 후 집은 청소될 것이다.

Dinleme [듣기]

1 ❶ görülüyor

❷ yaşandı

❸ yaşanmadı

알리	네가 살고 있는 그곳에는 어떤 자연재해들이 발생하니?
데니즈	이곳에는 홍수가 있어. 우리는 무려 작년에 홍수 재해를 겪었어. 많은 집과 회사가 물에 잠겼어.
알리	인명피해는 없었니?
데니즈	정말 다행이야! 어떠한 인명피해도 없었어. 하지만 인근 가옥 20여 채가 물적 피해를 입었어.

2 ❶ **Y** 알리의 마을은 작년에 홍수를 겪었다.
❷ **Y** 작년 홍수로 인하여 많은 사람들이 목숨을 잃었다.

Konuşma [말하기]

❶ yatırıldı
해석 모든 돈이 은행에 입금되었다.

❷ çıkarıldı
해석 모든 책은 손님에게 배포되기 위해 상자에서 꺼내어졌다.

❸ kapatıldı
해석 지난주 홍수 때문에 도로가 폐쇄되었다.

❹ yedirdi
해석 아이의 엄마는 (아이에게) 음식을 먹인다.

Yazma [쓰기]

1 ❶ felaket yağmak – peş peşe sıkıntı gelmek
연달아 문제가 생기다 – 재앙이 덮치다
❷ sel götürmek – çok yağmur yağmak, çok yağmurdan dolayı bir bölgede yolların zor geçilir duruma gelmesi
많은 비가 내리다 – 큰 비로 인하여 한 지역의 통행이 어려운 상태가 되다

2 ❶ sel götürdü ❷ felaket yağdı

> 올해는 심각한 지진이 발생했다. 4월에는 남부지역에 홍수가 발생했다. 비가 계속 내리고 물이 차올랐다. 주변의 모든 것들을 범람시켰다.
> 이제는 가뭄이 시작되었다. 사람들은 더위 때문에 죽어가고 있다. 재앙이 우리를 덮쳤다.

Konu 11

Alıştırmalar [연습]

❶ bil**en**
해석 모든 것을 아는 지식인은, 자신을 아는 사람이다.

❷ anlat**tığın**
해석 네가 나에게 설명했던 그 이야기를 이전에도 들은 적이 있다.

❸ yap**tığın**
해석 오늘 만든 요리 레시피를 알려주시겠습니까?

❹ yap**anları**
해석 경찰이 도둑질한 사람을 잡았다고 한다.

❺ yıkıl**an**
해석 지진으로 파괴된 건물들의 자리에 새 건물이 지어졌다.

❻ yaz**dığı**
해석 나는 그가 쓴 편지를 어제 받았다.

❼ ver**diğin**
해석 나는 네가 준 책을 내일 읽을 것이다.

Dinleme [듣기]

1 tarımla uğraşırdı

A	미래에 사라질 직업은 무엇이라고 생각하세요?
B	최근 인공지능 기술이 전속력으로 발전하고 있어요. 따라서 일부 직업은 사라질 위기에 처해졌죠. 예를 들어 농부가 있어요. 과거에는 사람들이 농업에 종사했어요. 그러나 이제는 로봇이 있어요. 그들은 농부들이 하는 일과 같은 방식으로 많은 일을 할 수 있죠.
A	맞는 말이에요. 나는 지난 신문에서 읽었어요. 미국에서만 최소 100만명의 근로자가 가까운 미래에 실업자가 될 것이라고 하네요.

2 ❶ **D** 미래에 사라질 위험에 처한 직업들 중에 농부가 포함된다.
❷ **Y** 로봇은 농사를 지을 수 없다.
❸ **Y** 올해 미국에서 최소 100만 명의 근로자가 이러한 이유로 실업자가 될 것이다.

Konuşma [말하기]

❶ 당신의 직업은 무엇입니까?

예시 Benim mesleğim gazetecilikti̇r.

제 직업은 기자입니다.

❷ 당신이 생각하기에 21세기에 가장 인기있는 직업은 무엇이 될 것 같습니까?

예시 Bence 21. yüzyılda en popüler meslek, video düzenleyiciliği olacaktır.

제 생각에 21세기에 가장 인기있는 직업은 영상 편집자가 될 것입니다.

❸ 당신이 생각하기에 가장 좋은 직업은 무엇입니까?

예시 Bence en iyi meslek, sevdiğin meslektir.

제 생각에 가장 좋은 직업은, 자신이 좋아하는 직업입니다.

Yazma [쓰기]

❶ A: 조금 전에 내가 본 여자는 누구입니까?

B: Az önce gördüğün kadın ünlü bir oyuncuymuş.

❷ A: 튀르키예에서 일하는 여성들의 비율은 어떻습니까?

B: Türkiye'de çalışan kadınların oranı günden güne artıyor.

❸ A: 네가 어제 본 드라마는 어땠니?

B: Dün izlediğim diziyi sana anlatacağım.

Konu 12

Alıştırmalar [연습]

1 ❶ al**acağım**

해석 나는 다음 학기에 수강할 과목들의 목록을 만들었다.

❷ görüş**eceğim**

해석 내일 내가 만나게 될 남자는 누구니?

❸ pişir**eceğim**

해석 조금 이따가 만들 뵈렉의 레시피를 (나의) 어머니에게서 받았다.

❹ konuş**acağını**

해석 세미나에서 누가 먼저 말할 것인지를 (우리는) 아직 정하지 않았다.

❺ gid**eceğini**

해석 외출할 때 어디에 갈 것인지를 알려준다면 좋을 것 같아.

❻ bitir**eceğini**

해석 나는 아흐멧이 어느 대학교를 졸업할지를 모른다.

❼ gel**eceğini**

해석 휘발유가 몇 리라 인상될 건지를 너는 알고 있니?

Dinleme [듣기]

1 ❶ yediğin ❷ içerdiği

❸ yemediğin

위밋 네가 가장 좋아하고 가장 자주 먹는 과일은 무엇이니?

베귐 내가 가장 좋아하고 가장 자주 먹는 과일은 포도야.

위밋 네가 생각하기에 어떤 과일이 몸에 좋은 것 같니?

베귐 많은 과일들이 몸에 좋지. 하지만 내가 생각하기에 사과가 가장 몸에 좋은 과일 같아. 사과에 함유된 영양 섬유질 덕분에 면역 체계가 강화되지. 변비에도 좋고, 비타민 A, B, C, E 그리고 항산화 물질이 함유되어 있어서 피부에 영양을 공급하고 노화를 지연시키거든.

위밋 네 말이 맞아. 절대적으로 동의해. 그렇다면 지금까지 먹어보지 못했지만 먹어보고 싶은 과일이 있니?

베귐 파파야라는 과일이 있대. 맛이 어떨지 궁금해.

2 ❶ Y 베귐이 가장 좋아하는 과일은 파파야다.

❷ Y 포도에 함유된 영양 섬유질 덕분에 면역 시스템이 강화된다.

❸ Y 위밋이 가장 좋아하는 과일은 사과다.

Konuşma [말하기]

❶ 내가 가장 좋아하는 요리는 ~.

❷ 지금까지 내가 받은 가장 멋진 선물은 ~.

❸ 내가 처음으로 배운 튀르키예어 단어는 ~.

❹ 내가 가장 가고 싶은 나라는 ~.

❺ 내가 처음 만난 튀르키예인의 이름은 ~.
❻ 내가 가장 잘 아는 외국어는 ~.
❼ 나를 가장 사랑하는 사람은 ~.
❽ 내가 내일 할 일들은 ~.
❾ 이번 주말에 볼 영화의 제목은 ~.

Yazma [쓰기]

1

> A 뭐 해? 음식을 내놓기 전에 내가 요리한 음식 맛 좀 봐줄 수 있니?
> B 나 지금 '어벤져스' 보고 있어. 매우 중요한 장면이라고.
> A 왜 매일 앉아서 이것만 보고 있어? 이제 질릴 때가 되지 않았니?
> B 아니 전혀. 매일 처음 보는 것처럼 느껴져.

❶ kabak tadı vermek – bir konunun sık sık tekrarlanması sonucunda insanı bıktırması, çok tatsız gelmeye başlamak
해석 주제의 빈번한 반복으로 인한 지루함, 불쾌감을 느끼기 시작함

❷ tadına bakmak – yiyecek ve içeceklerinden bir parçasını ağzına alıp lezzetini kontrol etmek
해석 음식 혹은 음료의 맛을 확인하다

Konu 13

Alıştırmalar [연습]

❶ gel**diğinde/diğin sırada**
❷ bit**er bitmez**
❸ çık**acağım sırada**
❹ ol**duğum zaman**
❺ tanış**tığımda**
❻ bit**ene kadar**
❼ gör**ür görmez**

Dinleme [듣기]

1 ❶ ne olduğunu
❷ doğanlar

> 무라트 아이셰, 별자리를 믿니?
> 아이셰 응, 믿어.
> 무라트 넌 너의 별자리가 뭔지 알아?
> 아이셰 응, 내 별자리는 처녀자리야.
> 무라트 처녀자리에 태어난 사람들은 성실하대. 너처럼.

2 ❶ **Y** 아이셰는 별자리를 믿지 않는다.
❷ **D** 처녀자리 사람들은 근면하고 실용적인 성향이 있다.
❸ **Y** 무라트는 그의 별자리가 무엇인지 모른다.

Konuşma [말하기]

> 제 별자리는 처녀자리예요. 처녀자리의 특성은 다음과 같아요. 처녀자리 사람들은 일반적으로 완벽을 추구하는 사람들이죠. 저 역시도 어떤 일을 할 때 완벽하게 처리해야만 할 것처럼 느껴요. 또한 저는 거짓말을 하는 사람들을 매우 싫어해요. 저는 사람들의 눈을 바라보는 순간 그것이 거짓인지 아닌지를 단번에 알아차릴 수 있어요.

Yazma [쓰기]

❶ 예시 Ben komik bir film / komedi filmi izlediğim zaman gülmekten gözyaşlarımı tutamıyorum.
나는 코믹 영화를 볼 때마다 웃느라 눈물을 참을 수 없다.

❷ 예시 Yüzme havuzuna gideceğin zaman birlikte gidelim.
수영장에 가게 될 때 함께 가자.

❸ 예시 Anlattıklarını duyduğumda çok kızdım / duyar duymaz sinirlendim.
나는 네가 설명한 것들을 들었을 때 / 듣자마자 매우 짜증이 났다.

Konu 14

Alıştırmalar [연습]

❶ Onun söylediklerinin yalan olduğunu bildiğim halde hiçbir şey söylemedim.

해석 그가 한 말이 거짓말인 것을 알면서도 나는 아무 말도 하지 않았다.

❷ Senin saygısızlık yapmana rağmen seni affediyorum.

해석 네가 무례한 행동을 했음에도 나는 너를 용서한다.

❸ Ben çok ısrar ettiğim halde o yemeğe gelmeyi kabul etmedi.

해석 내가 매우 고집부렸음에도 그는 저녁 식사에 오는 것을 거부했다.

❹ Sürekli spor yapmana rağmen kilo alıyorsun.

해석 계속 운동을 함에도 (너는) 살이 찌고 있다.

Dinleme [듣기]

1 ❶ nasıl edinir

❷ çevresinden etkilenir

❸ alışkanlık haline getirdiği zaman

A	사람들은 나쁜 습관들을 어떻게 갖게 됩니까?
B	주로 친구들의 영향을 많이 받습니다.
A	당신이 생각하기에 나쁜 습관은 뭐라고 생각하십니까?
B	흡연, 음주, 마약 등이 있습니다.
A	이것들이 습관이 되면 사람들의 건강을 해치게 됩니다. 그렇다면 우리의 건강에 해롭지는 않지만 좋지 않은 행동들(을 하는 것) 역시 나쁜 습관이라고 할 수 있습니다. 그것들은 무엇입니까?
B	거짓말을 하는 것 또한 험담을 하는 것 역시 나쁜 습관입니다.

2 ❶ ④

다음 중 나쁜 습관이 아닌 것은 어느 것인가요?
① 거짓말하기
② 담배 피우기
③ 뒷담화(험담) 하기
④ 도움 주기

❷ Arladaşlardan edinir.

사람들은 나쁜 습관들을 누구로부터 배웁니까?
→ 친구들로부터 배웁니다.

Konuşma [말하기]

❶ 예시 Hayır azaltmaz.

해석 흡연을 금지한다면 흡연이 감소할까요?
→ 아니요, 감소하지 않습니다.

❷ 예시 Başım ağrıyor, dudaklarım kuruyor, kendimi kötü hissediyorum gibi bahaneler ileri sürerler.

해석 흡연을 다시 시작하기 위해 사람들은 어떠한 변명을 합니까?
→ 나는 두통이 있어요, 입술이 말라요, 기분이 좋지 않아요와 같은 변명들을 합니다.

❸ 예시 Bırakmak istediği halde bırakmak zor olur. Kanserin nedeni olabilir.

해석 흡연의 나쁜 점은 무엇입니까?
→ 그만두고 싶다고 해도 끊기가 힘듭니다. 암의 원인이 될 수 있습니다.

Yazma [쓰기]

❶ 마약은 습관이 되면 사람들의 건강을 해칩니다.

❷ 음주운전을 하는 운전자는 사고를 당할 수 있습니다.

❸ 흡연에 익숙하신 분들은 절대 끊을 수 없습니다.

❹ 알코올류 확산(음주문화)을 예방하기 위해 텔레비전과 라디오에서 주류는 광고 되어서는 안 됩니다.

Taşı delen suyun gücü değil, damlaların sürekliliğidir.

Türk Atasözü

언어평등은 누구나 평등하고 자유롭게 전 세계 모든 언어를 학습할 수 있도록 여러분과 함께 할 것입니다.

튀르키예어(터키어)는 튀르크어족 오구즈어파로 분류되며, 아나톨리아 반도에 위치한 튀르키예 공화국 및 북 키프로스 공화국의 공용어이다. 한국어와 동일하게 교착어적 특성을 가진다. 페르시아어와 아랍어의 영향을 받아 어휘에 많은 변화가 있었으며, 1928년 튀르키예 초대 대통령 무스타파 케말 아타튀르크의 문자 개혁을 통해 종래 사용하던 아랍 문자를 로마 문자로 개정하였다. 전 세계 약 6,300만 명이 모국어로 사용하고 있다.